EDAF

MADRID - MÉXICO - BUENOS AIRES

STEPHEN MITCHELL

EL PRÍNCIPE RANA

Una parábola de amor y transformación

NUEVOS TEMAS

Título original:
THE FROG PRINCE

Traducido por:
MARIO LAMBERTI

Dirección en Internet: http://www.arrakis.es/~edaf
Correo electrónico: edaf@arrakis.es

Edaf y Morales, S. A.
Oriente, 180, n.º 279. Colonia Moctezuma, 2da. Sec.
C.P. 15530. México, D. F.
Dirección en internet: http://www.edaf-y-morales.com.mx
Correo electrónico: edaf@edaf-y-morales.com.mx

Edaf y Albatros, S. A.
San Martín, 969, 3.º, Oficina 5.
1004 Buenos Aires, Argentina.
Correo electrónico: edafal3@interar.com.ar

Depósito legal: M. 42.286-1999
ISBN: 84-414-0653-7

PRINTED IN SPAIN IMPRESO EN ESPAÑA

Closas-Orcoyen -Paracuellos de Jarama (Madrid)

A Vicki

Jardines imaginarios con sapos auténticos *.

MARIANNE MOORE

---

* Marianne Moore, «Poesía», *Poemas escogidos.*

Índice

I

Príncipes y ranas

HAY DOS CLASES de mujeres: las que se casan con príncipes y las que se casan con ranas. Las ranas nunca se transforman en príncipes, pero es un hecho conocido que un príncipe puede muy bien, en el transcurso de un matrimonio convencional, convertirse gradualmente, casi imperceptiblemente al principio, en una rana. Dichosa la mujer que después de veinticinco años todavía se despierta junto al príncipe del que se ha enamorado.

«Entropía» es el nombre con el que nuestros científicos definen este fenómeno, el irreversible declive de los acontecimientos: la vida se transforma en muerte, el orden se transforma en desorden, los príncipes se transforman en ranas. Ese es el orden de las cosas, dicen los científicos, y muchos de nosotros asentimos solemnemente con la cabeza mostrando nuestra aprobación. Pero las leyes de la física, aunque se asemejan a las leyes de un matrimonio convencional, no se corresponden del todo con las leyes del alma humana. No hay excepciones en las leyes de la física, mientras que las del alma se basan en las excepciones. Este es el motivo por el que deseo contaros una historia de amor diferente, que trata de una rana que se convirtió en príncipe.

II

Érase una vez

TODO COMENZÓ..., pero dejadme retroceder y empezar antes del verdadero principio. Hay bastante material de trasfondo sobre el que debería poneros en antecedentes, y un cierto número de explicaciones obligadas. La interpretación tradicional de la historia, a la que podríamos llamar la Versión Abreviada, lo cuenta todo en seis minutos y medio, zambulléndose de lleno en el meollo de las cosas con la princesa y su bola de oro. Además, existe una versión para niños, que no necesitan explicaciones de lo extraordinario. Los niños saben que Érase una vez no sólo se refiere —ni siquiera originariamente— al pasado, sino a las intangibles regiones del presente, a los más profundos rincones de nuestro interior, donde las princesas y los dragones, los magos y los pájaros parlantes, los caminos impracticables, las pruebas imposibles y los finales felices siempre han existido, permaneciendo vivos y rebosantes de poder físico.

Dejadme empezar recordando que no todas las princesas de los antiguos cuentos son hermosas. No tienen por qué serlo: son princesas. Pero nuestra princesa era, de hecho, una joven muy atractiva. ¿Cómo de atractiva? Bueno, la Versión Abreviada, que suele ir al grano en los detalles, alcanza un gran entusiasmo al describirla. *«Era tan hermosa»*, dice, *«que el sol, que había visto tantas cosas, estaba maravillado cada vez que iluminaba su rostro* [1]*»*. Eso es encanto, sin duda, pero ¿por qué la hipérbole? Es cierto que la princesa era adorable; incluso podrías llamarla —en determinados días, en determinados estados de ánimo, con una determinada iluminación— bella. Pero hay muchas jóvenes bellas esparcidas por el mundo, caminando con tacones o con alpargatas por la calle principal de cada ciudad sobre la faz de la tierra, y si el sol tuviera que pararse y fijarse en cada una de ellas, nuestros días y nuestras noches serían más largos de lo que yo puedo contar. No, exageraciones como ésta no se le ocurren a un narrador así porque sí; siempre hay una razón, y la razón aquí, pienso, es que los rasgos más discutibles del carácter de nuestra princesa deben haber molestado al narrador de la Versión Abreviada. A pesar del aspecto exterior, la belleza interior, y no hay carácter que falte a eso para un ojo perspicaz, no se manifiesta ni siquiera en los rostros de más sorprendente belleza, haciéndolos menos distantes debido a lo maravilloso que es el rostro de una sencilla joven con un adorable corazón. En resumen, la princesa era altanera, desagradable y testaruda. Pero ya volveremos a todo eso a su debido tiempo.

---

[1] Traducido del cuento de los Hermanos Grimm *Der Froschkönig.*

Nuestra historia tiene lugar en el Alto Renacimiento, en uno de los pequeños, prósperos reinos franceses cuyos castillos a lo largo del Loira y del Saona se encontraban entre las glorias de la arquitectura europea. «¿Reinos franceses, en plural?», os estaréis preguntando. Es una pregunta lógica, y debería parar de nuevo para explicarme.

III

La ruptura de la superficie de la realidad

UN SIGLO Y TRES CUARTOS antes de que comience nuestra historia, en los albores del Renacimiento, cuando un modo de entender el mundo occidental estaba muriendo y otro estaba empezando a nacer, los hombres y mujeres más doctos pudieron observar una ruptura, como así fue, en la superficie de la realidad. Esta clase de ruptura es más factible que se produzca en la vida de un individuo que en la vida de una sociedad entera. Cuando un hombre o una mujer experimentan una profunda transformación espiritual, hay ciertos puntos críticos a lo largo del camino en el que las necesidades parciales se hacen añicos para convertirse en un todo. En determinados momentos, los poderes ocultos y las dolencias del alma pueden estar desatados, dando lugar a extraños fenómenos en los cuales la luz y la oscuridad son intercambiables y en los que es difícil distinguir el milagro de la locura.

Esto era lo que estaba sucediendo en Europa durante los primeros años del Renacimiento, y el motivo por el que los hombres y mujeres sabios del momento estaban tan profundamente preocupados. Los viajeros habían comenzado a divisar gigantes en las montañas y en los bosques. Los anillos que conceden deseos aparecieron de repente en los polvorientos estantes negros de las joyerías en las pequeñas ciudades de provincias. Los hijos de los granjeros plantaban un guisante, y podía ser una planta que creciera en el mismo lugar o una planta que se elevara hasta agujerear el cielo. Los pescadores conseguían una pieza, y a veces un pez podía revolcarse silenciosamente en su agonía como siempre han hecho, y otras veces se levantaba sobre su cola y, con un tono de barítono que podía haber salido de la boca de un personaje en una obra de Noël Coward, ofrecían al pescador tres deseos a cambio de su libertad. Los cazadores podían estar cabalgando en persecución de un ciervo o un zorro, y de repente el ciervo o el zorro podían pararse, dar la vuelta, y dirigirse hacia ellos en perfecto alemán o en un francés tan elegante que un comité de eruditos de la Sorbona no sólo lo habría aprobado sino incluso aplaudido. Los animales habladores estaban, de hecho, surgiendo de golpe por todas partes: ciervos parlanchines, zorros, ranas, lenguados, liebres, erizos, salamandras, cabras, gansos, ratones, ratas, gatos, perros de todas las razas, ruiseñores, gorriones, búhos, halcones, lobos, caballos (todos los caballos o, en una ocasión, sólo una cabeza cortada), burros, leones, osos, y otra amplia variedad de silenciosos carnívoros más cercanos. La magia estaba en marcha por todas partes. Todo estaba fuera de lugar.

Ahora bien, es normal para un ciervo o zorro, en un sueño o en una de esas otras líneas fronterizas de la realidad, darnos una oportuna muestra de consejos de cuando en cuando. Pero cuando lo que sucede en el interior del alma se vierte a nuestro exterior, al mundo físico, la vida puede volverse extremadamente complicada, y en ocasiones extremadamente esperpéntica. Y cuando un Érase una vez irrumpe en una cultura, las cosas pueden volverse muy caprichosas en verdad. En semejante crisis, necesitamos de toda la sabiduría que podamos encontrar.

Ese es el porqué, después de que se observara la ruptura de la superficie de la realidad durante varios años, una delegación de hombres y mujeres sabios acudieran al rey de Francia y al rey de Alemania para pedir —para insistir— que sus respectivos gobiernos fueran descentralizados, al menos hasta que la crisis hubiera pasado. Ejercer el poder político, dijeron (citando el *Tao Te King,* que Marco Polo había traído a Europa cien años antes, al principio del siglo XIV), supone graves responsabilidades y, al igual que con el poder espiritual, muchos hombres buenos pueden desviarse del sendero y enmarañarse profundamente en las zarzas de la ambición personal o en ideales de cortas miras. La verdad sobre el poder, dijeron, es que cuanto más se te ha concedido, más profunda es tu obligación de dejarlo marchar. El gobernante sabio hace su trabajo y después retrocede: *comprende que el universo está siempre fuera de control, y que tratar de controlar los acontecimien-*

tos es ir contra la corriente del Tao[1]*; él deja que las cosas sigan su propio camino y que residan en el centro del círculo*[2].

El rey de Francia y el rey de Alemania eran hombres razonables. Pero si habían accedido a la descentralización porque eran razonables o *porque* los misteriosos sucesos los habían asustado desde la cabeza hasta sus reales pies, era algo que nadie sabía. El hecho es, en cualquier caso, que estaban de acuerdo, y que como consecuencia de su decisión varias docenas de reinos independientes surgieron a lo largo de Francia y Alemania. Así estaban las cosas ciento setenta y cinco años más tarde, a finales del siglo XVI, cuando nuestra historia tiene lugar. (Dos delegaciones ulteriores fueron despachadas, cuyo trabajo pretendía fomentar el crecimiento de la sanación espiritual en Europa e informar sobre la frecuencia de los Fenómenos Extraordinarios. La segunda delegación, en la que se encontraban Rabelais, Erasmo y el joven Montaigne, se reunió en 1536, al mismo tiempo en que se perfilaba el final de los gigantes. Y la última delegación, la que abolió los reinos independientes en Francia, se reunió en 1606, justo después de la publicación de la primera parte de *Don Quijote,* cuando la ruptura de la superficie de la realidad se había cerrado misericordiosamente aunque no sin dolor.

1 *Tao Te King,* capítulo 30 (mi versión).

2 *Ibídem,* capítulo 29 (mi versión).

IV

La vida en la corte

NUESTRA PARTICULAR corte real se encontraba en una de las más encantadoras regiones de Francia, un valle en el cual el río Loira serpentea en eses de azul pálido a través de huertos, prados y campos cuya exuberancia en colorido sólo era equiparable a su lujuriosa frondosidad. Francia es la capital de la belleza, y tendré que ser cuidadoso en este capítulo para no caer seducido por las pomposas maneras de la prosa inglesa.

La vida en la corte era muy placentera. El rey y la reina pasaban el día administrando sus bienes, cultivando las artes y cuidando de los pobres. El palacio era un lugar donde todo estaba reglamentado, ceremonioso, con una rutina que no resultaba monótona, sino que se realzaba a fuerza de repetirse: los cortesanos se movían con pomposidad, con movimientos fluidos inculcados por las pavanas, gallardas y otras danzas cortesanas de la época; el aire estaba impregnado del dulce sonido de la música, proveniente de una orquesta completa, una orquesta de cámara, y tres diferentes tríos de cuerda, todos los cuales no suponían ni la mitad de la música que estaba registrada en la nómina real; todos disfrutaban de los rituales diarios en los cuales incluso el más humilde de los lacayos tenía la dignidad de poseer un papel asignado. Las reuniones formales y refinadas, las grandes cenas de estado, la lectura de poesía, las cenas a la luz de la luna sobre la hierba en la cual las susurrantes sedas y satenes de las damas hacían eco con el crujido de las hojas; todos apreciaban la libertad de una corte que permitía que el bufón del rey fuera tan mordaz e ingenioso como le placiera sin temor al látigo, y los ministros de estado pudieran estar tan enamorados de la fanfarronería de su lenguaje pueril que en ocasiones en mitad de un discurso político, arrebatado, *pudieran transformar súbitamente su francés en versos alejandrinos.* Fuera de la corte, la vida era casi igual de placentera; las cosechas eran espléndidas; las vacaciones eran frecuentes, y se servía comida y bebida gratis a los campesinos en los merenderos reales situados a lo largo de los márgenes del río; y no era nada sorprendente que incluso el lenguaje de la gente humilde fuera rico en palabras con las que hacían sutiles distinciones entre los distintos estados de felicidad, palabras como «gozoso», «jubiloso», «regocijado», «jocundo», «alegre» y «jovial», que en nuestro siglo actual han caído en desuso. De hecho, la única sombra que se cernía sobre el perfecto bienestar del reino era la ansiedad que la gente sufría por culpa de los Fenómenos Extraños, aunque, para alivio de todos, éstos habían decrecido gradualmente hasta una media de dos o tres fenómenos por país y por década. El último *(en el que se vio envuelto un pájaro mágico y una malvada madrastra que había asesinado a su pequeño hijastro, cortando su carne en pedacitos y cocinándolo en un estofado, que luego sirvió a su distraído padre)* [1] ocurrió cinco años antes de que comenzara nuestra historia, en un pueblo cercano a la residencia de caza favorita del rey, y fue un incidente especialmente problemático, aunque terminó felizmente.

El rey, la reina, los ministros, los cortesanos, e incluso los lacayos y el bufón, eran auténticos hombres y mujeres del Renacimiento, cada uno de los cuales experimentaba la actividad humana en muchas de sus variantes, y todos ellos merecerían nuestra atención. Pero puesto que todos los personajes de esta historia, a excepción de la Princesa y la Rana, no representan más que papeles secundarios, es apenas relevante descubrir los intríngulis de sus vidas o poneros en antecedentes sobre ellos: los triunfos y derrotas que había obtenido el rey durante su largo reinado como modelo de monarca sabio, o por qué la reina acabó insistiendo en que cada una de las ochenta y siete habitaciones de palacio fueran decoradas en distintos matices de púrpura. Disponemos, después de todo, de un tiempo limitado para contar esta historia, y aunque es cierto que todas las cosas están interconectadas en una amplia trama exis-

---

[1] Se refiere a «El enebro» en el cuento de los Hermanos Grimm *Von dem Machandelboom.*

tencial, también —pues cualquier hebra puede seguirse finalmente a través de la fábrica espacio-tiempo del universo entero— llegados a este punto, uno podría fácilmente pasar a contar la historia de la sabiduría de China o de la belleza de Francia, el origen de las especies o el origen de la realidad, el Tao del liderazgo, la topología del alma, o el simbolismo esotérico de los colores, aunque es igualmente cierto que uno necesita llegar al principio de la historia antes de poder contarla.

Érase una vez, entonces, una princesa...

V

En el estanque

La Princesa se adentró en el bosque en una fría tarde del mes de mayo y se sentó en el borde de piedra de un estanque. Iba vestida de manera informal —todo lo informal que puede ir una princesa—, con uno de sus atuendos favoritos: un corpiño de terciopelo fucsia de cuello corto provisto de gorguera, que cubría una camisa de seda de color de cáscara de huevo, y una larga falda aterciopelada de color verde bosque bajo la cual llevaba tres almidonadas enaguas (no las de guardainfante). Su larga cabellera negra, descubierta y desprovista de laca, le llegaba casi a la cintura, tan descuidada como la de una novia. No llevaba maquillaje salvo un toque de lápiz de ojos alrededor de sus ojos castaño-oscuros y un toque de colorete sobre sus mejillas de alabastro, no iba enjoyada excepto por un par de pequeños pendientes de oro y su segunda mejor corona, con una filigrana de hilo de oro tan delicada que apenas resultaba perceptible. En su mano derecha sostenía la bola de oro, que le parecía tan brillante y hermosa como su propia independencia. Clavaba la vista, traspasando el reflejo distorsionado de su rostro, en sus profundidades.

Como la Princesa madruga más de lo habitual, la Rana todavía no se ha asomado a la superficie para verla venir. La Rana se encuentra en el légamo del fondo del estanque, respirando a través de su piel. Los orificios de su nariz están cerrados. Se halla en una profunda meditación. El agua está fría pero agradable. Hay un pequeño remolino cerca de la superficie; ¿o es cerca de la superficie de su mente? Está sentada inmóvil, en silencio salvo por algún croar ocasional carente de importancia.

Ni la Rana ni la Princesa tienen el menor indicio de cómo sus vidas van a cambiar por completo.

Nos hemos posado sobre el borde de los acontecimientos, la base de la historia: la base del universo. ¡Y qué placentero es estar aquí! Cómo me gusta el principio de las cosas: el primer destello del amanecer, la página en blanco, la inmensidad en los ojos de un niño, todos esos momentos tintineantes cuando la vida está llena de puras posibilidades, y uno haría cualquier cosa —casi cualquier cosa— para prolongar lo maravilloso que es ese momento. *«Verweile doch, du bist so schön!»* [1]. «Oh instante, eres tan hermoso, permanece conmigo durante largo rato», como dijo Fausto en otro contexto.

Pero la Princesa está a punto de perder la posesión de su bola de oro, y como consecuencia de ello nuestra historia está a punto de empezar. Este es un momento crucial.

[1] Goethe, *Fausto.*

Bien. Vamos a pararnos ahora y a centrar nuestra atención en la mano derecha de la Princesa. Hasta este momento, ella estaba sosteniendo la bola de oro, mientras la contemplaba, en la mitad de su palma, sosteniéndola ni demasiado fuerte ni demasiado floja. Su mano estaba alerta a través de todos sus nervios y fibras, viva y consciente, con una concentración total en todo su cuerpo. Hasta este momento. Y ahora, de repente, la mano se olvidó de sí misma. Se ha vuelto flácida. Los dedos se han soltado. La bola de oro se tambalea, se desliza un par de centímetros hacia atrás, un par de centímetros adelante, se para por un momento, y entonces se cae bajando por los tres dedos centrales hasta la punta de los dedos, cayendo desde una altura de medio metro al interior del estanque, con un ruidoso y determinante chapoteo.

¿Cómo ha podido ocurrir esto?

Una estrella cae del cielo y nosotros pedimos un deseo. Nos parece que la estrella está cayéndose. Pero para sus habitantes, dicha estrella no está ni cayéndose ni elevándose sino que permanece fija en el cielo, que prosigue con su curso habitual un día tras otro. *Arriba y abajo* son, después de todo, términos relativos en el mundo físico, y en el mundo del alma son a menudo *la misma cosa*[2]. Nos sentimos tentados de definir como desastre lo que en algunas ocasiones no es más que la primera, aunque dolorosa, etapa de algo maravilloso.

---

[2] Heráclito, fragmento 103.

Una persona inspirada puede ver en el momento más crucial de su crisis espiritual que *existe una inteligencia que modela nuestros destinos, que son más escabrosos de lo que a nosotros nos gustaría* [3]. Y aunque en nuestro día a día puede que insistamos en aferrarnos a nuestras agendas, pues pensamos que sabemos lo que es mejor para nosotros y tratamos de ser felices, puede que lo que deseamos no sea precisamente lo que necesitamos en nuestro yo profundo. Alguna presencia en nuestro interior nos conoce mejor. Esa presencia es la autora de esos aparentes desastres.

Esto se puede exponer desde una perspectiva ligeramente distinta: *el carácter es el destino* [4]. Aunque somos apasionadamente adictos, como personas, al éxtasis de nuestros descontentos habituales, algunas veces el momento crítico llega cuando, en un nivel profundo, estamos preparados para que el mundo se despedace. En determinados momentos es precisamente un desastre lo que (inconscientemente) anhelamos.

La Princesa volvió en sí. Un fugaz cosquilleo recorrió los nervios de su mano vacía. Contempló el chapoteo. Y se echó a llorar.

---

[3] *Hamlet,* acto V, escena II.

[4] Heráclito, fragmento 1146.

VI

La Rana enamorada

LA RANA, como ya os dije, estaba situada en el fondo del estanque. Lo que aún no os había dicho es que estaba enamorada.

Esta era una rana muy meditativa. Desde cuando podía recordar, había empleado la mayor parte de su vida observando su respiración mientras estaba sentada en la hierba, o bajo el viejo tilo, o en el cieno del fondo del estanque. Hacía incursiones de vez en cuando, por supuesto, cuando se asomaba a la superficie para atrapar alguna que otra docena de moscas con una lengua que sacaba y volvía a guardar en el fondo de su boca, y que se asemejaba a una larga y flexible flecha de punta pegajosa. Uno tenía que vivir después de todo, y aunque no hallaba placer en matar, era un animal entre animales. Pero por muy necesarias que fueran sus expediciones de caza, éstas no dejaban de ser una distracción. Ella prefería con diferencia vigilar su respiración, buceando en las profundas aguas de su propia serenidad.

Tres meses antes del comienzo de nuestra historia, esta casi ininterrumpida calma había sido... «destrozada» es una palabra demasiado fuerte, e inadecuada además. No es como si su serenidad fuera como una ventana de cristal sobre la cual la vida hubiera arrojado una enorme piedra. No: digamos mejor «enturbiada». Su calma había sido enturbiada. Hubo entonces una continua fuente de agitación, de excitación y de ansiedad en las aguas de su mente. Había visto a la Princesa.

Por qué esto no había sucedido antes, es algo sobre lo que sólo podemos hacer conjeturas. La Princesa había estado viniendo al estanque durante muchos años. La Rana había vivido allí tanto tiempo como era capaz de recordar. Es cierto que solía salir a la superficie por la noche, pero había una hora de la tarde en la que con frecuencia se sentaba a meditar en el borde del estanque o bajo el tilo, inmóvil salvo por algún que otro chasquido de su lengua. ¿Nunca había ido la Princesa al estanque salvo cuando la Rana estaba bajo el agua? ¿O había estado la Rana tan absorta que no había reparado en la Princesa?

En esta ocasión sí se percató de la presencia de la Princesa. Sintió como si un rayo de energía le hubiera iluminado los ojos y electrificado el cuerpo entero. Era una sensación física, pero la sacudida en sí misma no era física. Era una sacudida de conocimiento. Sabía, más allá de la duda, que estaban hechos el uno para el otro.

No tenía nada que ver el hecho de que ella fuera hermosa. Muchas cosas eran hermosas. La luz era hermosa, y el fango, y las altas hierbas, y el cielo en un día nublado, y las rápidas moscas verde-doradas que zumbaban a través de su somnolienta mirada en una tarde de verano, y la sombra del revés de una hoja en la superficie del estanque, y el agua misma: el agua probablemente era lo más hermoso de todo. No era su belleza lo que le había impresionado tan profundamente. Había algo más en ella, o quizá no era ella sino el espacio electrificado que había entre ellos. Fuera lo que fuese, hizo que deseara acercarse a ella. ¿Una rana y una mujer? ¿Una rana y una *princesa* nada menos? Comprendió lo poco apropiado que era su deseo de acercarse a ella. Pero, de algún modo, sabía que ellos estarían juntos, ellos tenían que estar juntos; en la intimidad más profunda en la que jamás se hubiera zambullido.

Durante los siguientes tres meses, la Rana meditó durante muchas horas sobre el significado de estar tan completa y absurdamente enamorada. Y vigilaba durante muchas horas a la Princesa cuando se sentaba en el estanque: un observador inobservado: dos grandes ojos negros que ansiaban sobresalir del agua como dos periscopios [1].

[1] Aquí es importante tomar el texto en su sentido literal: la rana no *tiene* dos grandes ojos negros —ella *es* dos grandes ojos negros.

VII

La vista desde el fondo

LA RANA estaba sentada en estado de profunda meditación en el fondo del estanque.

Más tarde, cuando tuvo tiempo de considerar los acontecimientos del día, recordó la zambullida *como si hubiera sido grabada con aguafuerte, con claridad meridiana* [1], sobre cada uno de sus sentidos. El momento había concluido en un delicado y breve poema:

Vieja fuente
el objeto se hunde
en el sonido del agua [2].

Sólo ese sonido en el universo entero.

Al principio, por supuesto, no tenía ni idea de que el «objeto» era la bola de oro. Sobresaltada, miró hacia arriba. Algo se había sumergido en la enturbiada e iluminada agua del estanque: una forma borrosa más grande que una mosca,

---

1 Una técnica de dibujo.

2 Parodia del famoso haiku de Bashō.

aunque no podía precisar cuán grande era, debido a toda aquella agitación en el agua. Un instante después podía ver un destello, una curva: era redonda, aquella «cosa»; y brillante, y se estaba hundiendo entre la agitación de las ondas y las burbujas; era dorada, esférica; era una bola de oro; era la bola de oro de la Princesa cayendo a plomo entre las revueltas aguas y que venía directa hacia ella. Parpadeó y dio un brinco. La bola se quedó semienterrada en el fango.

Una vez que el lodo volvió a asentarse sobre el fondo, la Rana observó la bola, que se había quedado encajada de tal manera que resultaba visible su juntura, junto con su pequeño cierre dorado. Entonces, un nuevo sonido captó su atención allá arriba. Alguien estaba sollozando.

Pero voy a ir un poco más rápido ahora, volviendo a pensar en el tiempo de los humanos otra vez. El tiempo *ranáceo*[3] corre mucho más lento, y esos momentos en los que apenas somos conscientes de lo rápidos que son, una rana los despacha a base de experiencia. Es como... ¿Cuál era el nombre de aquel lanzador de béisbol? Ya sabéis: el único que a finales de los sesenta era capaz de lanzar una bola perfecta aun estando bajo los efectos del LSD. Él afirmó poco después que su consciencia se había expandido tanto que cada momento le parecía infinito, de manera que podía lanzar a una velocidad inmensamente lenta, como si tuviera todo el tiempo del mundo.

La Rana sabía que aquel sollozo era humano. Nunca había oído a alguien sollozar. Los sonidos del bosque que co-

---

[3] He acuñado este término; significa «perteneciente a las ranas».

nocía tan bien procedían de criaturas poco familiarizadas con el pesar y la congoja. Lo más parecido eran los aullidos de los lobos, y ese sonido no era la voz de la tristeza sino la soledad que se desata libre y exultante en el gozo de su propia expresión. No, no había oído nunca nada parecido a este llanto humano.

Mientras escuchaba, podía sentir como él mismo se abría y se volvía hacia el lamento, al igual que una flor se vuelve hacia la luz del sol. Se sintió desplazada hacia las profundidades de su corazón animal. No estaba abatida: el dolor no era suyo. Pero de algún modo podía soportarlo, y se metía en él, reconociéndolo como una época de su paisaje interior, cuando el agua se volvía muy fría y su respiración se lentificaba hasta hacerse casi imperceptible y la vida se deslizaba a través de una paz infinitesimal porque era el único modo de sobrellevarla.

La Rana todavía no era consciente de que el llanto provenía de una mujer. Es importante mencionarlo. No es que primero reconociera la voz de la Princesa y sólo entonces, estando enamorado de ella, reaccionara. Este tipo de compasión, admirable en una rana y lógica en un ser humano, habría sido un tipo de compasión más limitada que si fuera espontánea, indiferente, auténtica compasión que, de hecho, surgió antes de que reconociera la voz de la Princesa.

Su corazón se estremeció en respuesta al sonido, con el mismo impulso con que la Rana se sintió atraída hacia él. Sus patas saltaron del fondo del estanque. Quizá hubiera alguna manera de ayudarla.

VIII

Aparece la Rana

La Rana se encuentra ahora en la superficie del estanque. Ve a la Princesa. Sus ojos son negros y enamorados. Su corazón se estremece. Abre su boca para hablar.

Esta es la forma en la que la Versión Abreviada cuenta el incidente: *«Y mientras ella sollozaba, alguien la llamó: "¿Qué es lo que sucede, querida Princesa? Tu llanto podría estremecer de compasión a una piedra". Ella miró a su alrededor para ver de dónde venía la voz, y lo que vio fue una rana, sacando su fea y gruesa cabeza fuera del agua»* [1].

¿Es apropiada esta explicación? Pues sí. ¿Es literal la cita de la conversación de la Rana? Así es. ¿La primera reacción de la Princesa fue de disgusto? Bueno, sí y no.

Este no fue obviamente un caso de amor a primera vista. La Princesa tenía un sentido de la belleza muy finamente desarrollado, incluso para tratarse de una francesa, y lógicamente fue muy susceptible ante esta visión. Se estremeció ante tamaña fealdad; casi le dolía físicamente; y penetró

---

1 Traducido del cuento de los Hermanos Grimm *Der Froschkönig*.

en sus ojos al tiempo que un olor nauseabundo penetraba en su nariz. Y en su defensa hay que reconocer que las ranas, esos *«anfibios enanos*[2]*»* (en palabras de un moderno poeta francés), con sus ojos protuberantes y sus cabezas sin cuello y sus raquíticas patas y sus blancos, abultados y viscosos vientres, no pueden ser catalogadas junto con las gacelas o los gatos como modelos de seres adorables dentro del reino animal. Ni tampoco ella tenía mucha experiencia con ellas. Las había visto esporádicamente saltando por la hierba mientras caminaba por el bosque o saltando por los alrededores del estanque (pero nunca a nuestra rana), y el único aspecto que conocía bien de ellas eran sus ancas, salteadas con mantequilla y ajo, ligeramente sazonadas con pimienta, y que le servían en una fuente dorada varias veces a la semana, a discreción del cocinero, como un segundo o tercer entremés.

Así es: en un principio se apartó de la Rana con una convulsión física. Pero al mismo tiempo estaba intrigada. Nunca se había encontrado personalmente con un animal que hablara, aunque había oído toda clase de historias y había asistido a los consejos de estado que se convocaban para discutir acerca de los Fenómenos Extraños. Pero ya que sus padres y el resto del reino sentían miedo ante la posibilidad de que se produjera un nuevo incidente, sintió picada su curiosidad. Incluso, en una ocasión, había estado meditando al borde del estanque, tratando de imaginar qué

---

[2] Francis Ponge, «La grenoville», en *Le Grand Recueil: Pièces.*

diría si un enorme ciervo o un águila de ojos centelleantes se le acercaran.

Pero aún había otra sensación que le recorría el cuerpo aparte del asco y la curiosidad, que era más fuerte incluso que las otras dos, aunque al mismo tiempo no era consciente de ella, y de hecho no lo sería hasta que con el paso del tiempo recordara el suceso y comprendiera cuán fuerte había sido dicha sensación. Es importante comprender que estaba, por primera vez en su madurez, en un estado de extremada vulnerabilidad. Se sentía desolada, desesperada, y sus llantos habían sido interrumpidos por una visión de fealdad, se había encontrado a sí misma, *tête-à-tête,* con un animal que hablaba el lenguaje de Ronsard y Du Bellay con el más puro acento de Turena. Y no fue precisamente el sonido de su voz —a medio camino entre un alto barítono y un bajo tenor— la que le había impresionado tan profundamente, sino algo que fluía o se irradiaba a través del sonido: un grado de bondad. Ella estaba acostumbrada a ser admirada, adorada. El ser observada a través de aquellos comprensivos ojos de rana era un experiencia nueva. En medio del torbellino de emociones de la Princesa, el dolor estaba todavía en su punto más elevado, una aflicción provocada por la pérdida de su independencia. Pero más profundo aún, por debajo del nivel de la consciencia, en el profundo y fértil terreno de su corazón, el amor se había plantado *como una semilla de mostaza*[3].

---

[3] Ver pág. 70.

IX

La oferta

—OH, RANA —dijo la Princesa, sonándose—, es muy atento por tu parte preguntar. Pero no podrías comprenderlo.

—Quizá no —respondió la Rana con su voz melodiosa y distinguida—. Pero quizá pueda ayudarte.

—Si al menos tú pudieras —dijo la Princesa—. Todo resulta tan deprimente.

Se sonó otra vez y se secó los ojos. Aparecieron pequeñas manchas de lápiz de ojos en el dorso de su muñeca.

—Espera un minuto —dijo la Rana.

Salió del agua, saltó sobre la hierba y se subió a un enorme arce, cogió una hoja con su boca, saltó hacia el estanque, y volvió a saltar sobre el borde de piedra.

—Bfomma —dijo—, ffoénnate la nnaiç cun eçto [1].

---

[1] La rana está hablando con una hoja en su boca. Lo que está intentando decir es: «Toma, suénate la nariz con esto».

Era una hoja grande de arce que había empezado a perder su frescor pero que podía servir como un tosco sustituto del pañuelo que la Princesa había olvidado Ella sonrió, conmovida por el gesto.

—Gracias, Rana —dijo—. Tengo algo mejor, pero gracias de todos modos. Y por favor cierra los ojos.

Ella sacó de su bolsillo un pañuelo bordado de fina batista, secó sus lágrimas y se sonó la nariz lo más delicadamente que pudo.

—Ya. Puedes abrir los ojos.

La Rana parpadeó.

—¿Cómo se siente ahora, Su Alteza?

—Oh, un poquito mejor. Pero no mucho. Pero no necesitas dirigirte a mí como «Su Alteza». No estamos en la corte. Estamos en el bosque.

—Como desee, Su... —dijo la Rana.

Hubo un corto silencio.

—Y si te sientes con ganas de contarme qué es eso que te hace sentir tan triste, te escucharé muy gustoso, incluso aunque no pueda entenderlo.

Estaba sentada a un paso de la Princesa, con su cabeza ligeramente inclinada, mirándola con una expresión de sumo interés.

—¿De qué serviría? —dijo la Princesa—. ¿Cómo podrías ayudar? Sólo eres una rana.

Una lágrima solitaria brotó de la esquina de su ojo izquierdo, brillando por un instante, y derramándose después por su mejilla.

—Pues realmente no lo sé. Pero lo que sé es que me gustaría ayudar. ¿Por qué no me lo cuentas y vemos qué se puede hacer?

—¿No serás mágica por casualidad, verdad? —dijo la Princesa, mientras su cara resplandecía—. ¿Me has traído algo? ¿Tres deseos quizá?

—Ay, no. No soy de esa clase de animales. Sólo me he traído a mí mismo.

—¿Ni siquiera un deseo?

—Ni siquiera uno.

—Oh bueno —exclamó la Princesa con un suspiro—. Supongo que nunca volveré a ver mi bola de oro otra vez.

—¿Tu bola de oro?

—Sí. Se me cayó dentro del estanque. Fue muy torpe por mi parte. No sé cómo ha sucedido. Esta última frase junto con el recuerdo del chapoteo casi provocó que la Princesa se echara a llorar de nuevo. Sólo con el mayor de los esfuerzos consiguió controlarse.

—Yo he visto tu bola —dijo la Rana, con un poquito de ambigüedad—. Es hermosa. ¿Pero no puedes comprar otra o no podría el Rey hacer otra para ti?

—No sería lo mismo. La he mantenido siempre tan cerca de mí que me siento como si hubiera perdido una parte de mí misma.

—¿Tanto significa para ti?

—Significa mi libertad. Lo significa todo.

—Cuánto lo siento. ¿Y no hay nada que pueda reemplazarla?

—Nada.

—En ese caso —expuso la Rana— la encontraré. Te la traeré de vuelta.

La Princesa permaneció en silencio. Sus ojos miraban distraídos.

—Princesa, Princesa, ¿me estáis escuchando?

La Princesa se volvió hacia ella con una triste sonrisa.

—Perdóname —dijo—, no estaba prestando atención. ¿Qué decías?

—He dicho que te traería de vuelta tu bola de oro.

—Eso es estupendo.

—¡Es cierto! ¡Lo haré! Haría cualquier cosa por ti. Te amo.

La Princesa se quedó sorprendida y sin habla por unos instantes. Entonces estalló en carcajadas. Su risa intensa y plateada resonó por todo el bosque.

La Rana miró hacia el estanque. Vio su rostro reflejado. Era grueso y feo, y triste.

X

La prueba de las tres bolas

VOSOTROS os estaréis preguntando: ¿Por qué será tan importante la bola de oro para la Princesa? ¿Qué le hace pensar que ha perdido la libertad? Para poderlo comprender, necesitáis saber algo sobre la educación que había recibido.

Una princesa moderna —digamos la de Inglaterra o Mónaco— tiene por finalidad servir de ornamento para la imaginación fantástica del público. En consecuencia, recibe el tipo de educación que uno pensaría dar a un espléndido ángel de cartulina antes de colocarlo en la punta del árbol de Navidad: una educación que tuviera como meta principal desarrollar su capacidad para desempeñarse en las artes de tener un bello aspecto y de mantenerse erguida. Por más virtudes que podamos encontrar en nuestro siglo, no es una época óptima para princesas.

En el Renacimiento las cosas eran de otra manera. En aquella época la inteligencia jugaba un papel primordial. En casi todos los niveles del orden social, la educación tenía el propósito de crear verdaderos aficionados; personas que estaban enamoradas de la calidad. Cualquier caballero o dama necesitaba poseer un mínimo de habilidades en múltiples artes, porque eso era considerado como la forma más apropiada de apreciar las cosas buenas de la vida y de hacer honor a la bondad de la vida misma. Eso no quiere decir que ser bien educado significaba perfeccionar las mejores cualidades y convertirse en algo semejante al reflejo de una sonrisa sobre una cuchara brillante. La inteligencia iba de la mano con la individualidad, si bien se pensaba que tener puntos de vista muy agudos no le obligaba a uno a echárselos en cara a otras personas. Si el ingenio era el estoque, la cortesía era la empuñadura en el extremo de la hoja.

La Princesa había recibido su formación de manos de los más grandes eruditos de Francia. Cuando llegó a los veintiún años, ya era muy competente en las artes de la poesía, la retórica, el canto, la danza, la equitación, el dibujo, la arquería, la astronomía, la elocuencia y la desilusión. Hablaba con propiedad italiano, español, alemán y chino, un latín elegante (aunque su estilo quizá tenía un matiz demasiado ciceroniano), y su griego era tan perfecto que con una respuesta ingeniosa en ese idioma hizo silenciar la boca de un engreído embajador del Duque de Atenas que tenía siempre por costumbre citar a Aristóteles.

El Rey y la Reina estaban inmensamente orgullosos de la fama que tenía su hija de ser la princesa con mejor educación de Europa. Lo único que les preocupaba era su creciente independencia, que había tomado la forma de un intenso amor a la soledad. A medida que fue pasando el tiempo, se daba cuenta de que se le hacía cada vez más difícil participar en el constante alborozo de la vida cortesana. Con excusas amables pero firmes, se mantenía ausente de un determinado acto de la corte —una obra de teatro o una charla, o una excursión para contemplar flores— dedicándose, por el contrario, a pasear sola a pie o a caballo, deteniéndose a veces a pasar toda la tarde en su escondite secreto cerca de un estanque abandonado en un rincón del bosque, al este del palacio. Cuanto más se preocupaba el Rey de recordarle sus obligaciones políticas, más se empeñaba ella en responderle citando un pasaje de Chuang-tzu, que éste le había enseñado cuando era una despreocupada niña pequeña de nueve años:

> Mientras Chuang-tzu estaba pescando en el río Pu, llegaron dos mensajeros del Rey de Chu, y dijeron: «El Rey te pide que vengas a la capital y asumas el cargo de primer ministro». Chuang-tzu contestó: «He oído que en Chu hay una tortuga sagrada que murió hace tres mil años. El Rey conserva su caparazón en el más sagrado de sus templos, envuelto en seda y encerrado en una caja de oro. Ahora bien, si vosotros fueseis la tortuga, ¿preferiríais ser venerados de la misma forma que ésta u os gustaría más volver a la vida para arrastraros por el fango?» Los mensajeros replicaron: «Esto último, por supuesto». Y Chuang-tzu les dijo: «Dadle mis saludos a Su Majestad, y decidle que aquí estoy feliz, arrastrándome en el fango» [1].

---

[1] Traducido de *El Libro de Chuang-Tzu,* capítulo 17.

La Princesa le solía decir a su padre, cortés pero firmemente, que, en realidad, no creía tener ninguna obligación de prepararse para gobernar su reino ni cualquier otro reino. Todavía no sabía lo que quería hacer de su vida, solía decir, pero hacer leyes y administrar haciendas, recompensar las buenas acciones y castigar las malas, le parecía una forma lamentable y carente de imaginación de malgastar el tiempo y la energía. En cuanto a la vida social de la corte, la admiración de quienes en cuyo interés estaba admirarla, el despliegue público de su talento en una sociedad en la que ella era *el cristal de moda y el molde de la forma, la más observada por todos los observadores*[2], había momentos en los que esta vida se le antojaba tan insípida que con gusto hubiese cambiado de papeles (al menos durante una hora, más o menos) con el más sucio e inculto de los mozos de los establos reales.

Ni tampoco valoraba la Princesa lo que hoy en día se conoce como amor romántico. Sabía muy bien lo que era eso y conocía las tristes consecuencias que tenía entre las damas y caballeros de la nobleza, como para creer en sus valores como brújula para orientarse en el territorio desconocido de la felicidad humana. Todo comenzó, según supo por las historias de sus damas de honor, con una respiración contenida y un cosquilleo en la ingle; seguido de suspiros, sonrisas, escritos que se desechan, sonetos románticos, citas a escondidas entre los matorrales, idealizaciones

[2] *Hamlet,* acto III, escena I.

que hacían parecer a Platón como un verdadero tendero, y el ensimismamiento del deseo satisfecho; y terminó cuando apareció en el horizonte la luz despiadada de la realidad. De vez en cuando había sido testigo del recorrido del amor romántico desde la embriaguez a la desdicha. Y eso no era en absoluto el camino hacia la paz del corazón. Sería mucho más sabio, pensó, confiar su felicidad al azar. No al puro y simple azar, desde luego, sino al azar matizado por un mínimo de prudente ingeniería psicológica.

De modo que cuando la Princesa cumplió los dieciséis años, y el Rey y la Reina insistían en que fuera recibiendo, al menos uno cada año, a todos los pretendientes que aspiraban a obtener su mano, la Princesa ideó la *Prueba de las Tres Bolas*[3].

Las reglas eran simples. A cada pretendiente se le pedía, antes que nada, que hiciera un voto solemne de no decir una sola palabra de la prueba ni al más allegado de sus amigos. Si lograba superarla, la Princesa lo aceptaría en matrimonio. No obstante, si fracasaba, debería renunciar, durante los siguientes tres años, a la compañía de mujeres.

Esta condición tuvo la virtud de reducir la larga lista de reyes, príncipes, duques, marqueses y condes que estaban ansiosos por obtener su mano. Pero todavía había muchos que se empeñaban en insistir, procedentes de todos los rincones de Francia. Todos ellos poderosos, persuasivos, encantadores y, por si fuera poco, apuestos.

---

[3] Ver Shakespeare, *El Mercader de Venecia,* acto I, escena II.

Por otra parte, la Prueba no podía ser más sencilla. Cada pretendiente debía entrar en el salón de recepciones de la Princesa conducido por una de sus damas de compañía, hasta llegar frente a una mesa alargada de caoba. Ante ellos, dispuestas en fila, se hallaban tres bolas metálicas huecas, de unos diez centímetros de diámetro, que disponían de una charnela para poderse abrir: una era de oro, otra de plata, y la tercera de plomo. Según se le informaba a cada pretendiente, una de las bolas encerraba en su interior el retrato de la Princesa (una miniatura primorosa pintada por Caravaggio, tan real que parecía estar viva); las otras dos estaban vacías; tan sólo contenían aire. Se les concedía tres minutos para realizar su elección.

La Princesa disfrutaba siempre al presenciar este suplicio de los tres minutos. Si la Prueba hubiese tenido lugar en cualquier otro lugar de Europa, pensaba ella, no habría estado tan segura de su resultado. Se hubiera temido que cualquiera de los audaces caballeros habría elegido la bola de oro, su talismán, su sello de independencia; y con ello se habría visto condenada, una vez levantado el velo del amor romántico, a una vida de obligaciones y de aburrimiento. Pero estaban en Francia. Era ésta, entre todos los reinos, la tierra de la sutileza intelectual. Ningún príncipe inteligente que se preciara habría escogido nunca la solución más sencilla, especialmente sabiendo que ella, la inventora de la Prueba, era conocida como la princesa de astucia más temible. Era capaz de ver cómo se desarrollaba el proceso del pensamiento en la amplia y ceñuda frente de sus pretendientes. *Que las apariencias externas se minimicen*[4]... solían reflexionar, *no existe un vicio tan básico que no conlleve algún trazo de virtud en sus partes externas... Así ocurre en la ley, en la guerra, en la belleza*[5]... Y luego, cuando la aparente solución quedaba revelada: *Por consiguiente, rehusaré este oro provocador, y no dejaré que me atraiga la fascinación de esta plata; pero tú, oh modesto y poco brillante plomo, cuya sencillez me atrae más que toda la elocuencia: a ti te elegiré, y tú me darás la suerte*[6]. Gracias a Dios, era un grupo digno de confianza. Siempre debía reprimir una sonrisa ante lo impensable que era, para una mente francesa culta, la solución obvia. Pobres hombres: si no estuviera tan contenta de asegurarse un nuevo año de libertad, se sentiría tentada a apiadarse de ellos cuando se abría la bola de plomo sobre su bisagra para revelar... no su retrato, no; nada, sino el vacío total.

---

[4] *El Mercader de Venecia,* acto III, escena II.

[5] *Ibídem.*

[6] Comparar *El Mercader de Venecia,* acto III, escena II.

XI

Mirando hacia arriba; mirando hacia abajo

NOS HALLAMOS FRENTE AL ESTANQUE. La Rana está contemplando su reflejo sobre el agua. La Princesa, aunque todavía ríe, está triste. La Rana también está triste. La Princesa se siente desesperada. La Rana se siente humillada. La inacción se ciñe sobre sus cabezas, como el rugido distante del trueno. Se trata de un momento en el que, con un poquito menos de amor o con un poco más de desaliento, por parte de la Rana, está a punto de desenvolverse la historia: En un universo paralelo de historias, una Rana paralela se arrastra en dirección al palacio. La ley de las diferencias irreconciliables de los opuestos se pone en movimiento, la serpiente del mundo sale deslizándose hacia el césped y nunca realiza la contorsión necesaria que la permita tragarse su propia cola.

En momentos como éste, el carácter es decisivo. No se trata de una cuestión de triunfo o derrota, sino de rendición ante el propio sentido de lo que debe ser. También es, desde otra perspectiva, un asunto de la propia relación de uno mismo con los espejos. El narcisismo es una tentación, no sólo para los bellos, sino también para los feos. El deseo y la aversión son, después de todo, las caras opuestas de una misma moneda, y Narciso y el Anti-Narciso eran gemelos: Narciso, que, asomándose a la laguna, se enamoró de su propia imagen; y el Anti-Narciso, que huyó del lugar, repelido por la suya, y perdió la oportunidad de seguir mirándola hasta poder ver a través de ella la vida que había en la laguna.

La Rana se queda mirando el rostro que la está contemplando. Por primera vez en su vida reconoce que es fea. Esto, en sí, no le incomoda demasiado. Es verdad que nació y creció en Francia, pero los animales franceses son más animales que franceses. Lo que en verdad le molesta es darse cuenta de que la Princesa lo considera repulsivo. Por más remota que hasta ahora hubiera sido la posibilidad de que la Princesa pudiera llegar a amarlo algún día, todavía seguía siendo una posibilidad. Pero es que parece... ¡uf!, peor que sin esperanza. Ah, puede que ella llegue a amarlo como a una mascota o incluso, si tuviese suerte, como a un amigo. Pero nunca lo amará de verdad, íntimamente, como a un amante. Él sabía bien lo que aquella mirada suya significaba. No existe ni la más mínima sombra de oportunidad.

Se siente desolado, mortificado. Le duele el corazón. Siente una fuerte atracción por el agua. Quizá haya llegado el momento de hacer una reverencia de despedida lo más elegante posible y de sumergirse en su propio elemento, el lodo del fondo del estanque.

Habían transcurrido trece segundos desde que la Princesa había comenzado a reír. Su carcajada sonora y cristalina tenía eco entre las cimas de los árboles.

La Rana se siente mejor. Al contemplar su propia cara, ha olvidado la de la Princesa. Ella es bella tanto en la alegría como en la tristeza. Pero no es su belleza lo que le conmueve tan profundamente, es... Y, para su gran asombro, la Rana siente algo en el espacio que media entre ambos: aquella misma cualidad que sintió hace mucho tiempo. Nada ha cambiado. Sin embargo, es imposible que ella lo ame: eso es innegable. No obstante, sabe, desde el absurdo, más allá de toda duda, que la Princesa y él son el uno para el otro. De algún modo, por algún milagro, por algún giro del destino, ellos van a acabar juntos. Puede tragarse su humillación como si ésta fuera un insecto de sabor repugnante. Puede esperar el momento oportuno. Puede devolver a la Princesa su bola de oro, y entonces quizá, ella pueda comenzar a amarle. O a gustar de él. O, al menos, a no reírse de él.

XII

Deseos

—LO SIENTO, Rana —dijo la Princesa tras haber dejado de reír y haber enjugado las lágrimas de sus ojos con la punta limpia de su pañuelo—. Espero no haber herido tus sentimientos.

—Bueno, Alteza, debo confesar que mi corazón se siente un poco maltratado.

—Pobre Rana —dijo la Princesa.

Ella lo miró a los ojos. Él la miró a los ojos.

—Por otra parte —dijo la Rana—, es un placer ver desaparecer tu tristeza, aun cuando sea durante un momento. Al menos, te he deparado unos momentos de felicidad.

—Bueno, así es —dijo suspirando la Princesa.

—Puedo resultar ridículo como pretendiente, pero soy un buen bufón, aunque no me lo había propuesto.

—No, desde luego que no estabas bromeando. Estoy segura de que me amas. Hay muchos hombres que también lo hacen. Pero nunca antes me había amado una rana. Y no intentaba ser grosera.

—Está bien. No es culpa tuya. No puedo dejar de sentir mi propio dolor pero, no obstante, puedo aliviar el tuyo.

—Oh, Rana, eres muy generosa.

—¿Por qué ambos hemos de sentirnos tristes?

—Verdad, ¿por qué?

—Te traeré tu bola de oro. Y si algo ha de ser, será.

—Sí —dijo la Princesa, que dos años antes había escrito, para su tutor en filosofía, un ensayo excelente sobre el destino y el libre albedrío, demostrando que el mismo planteamiento del sistema era ilusorio y que la única libertad primaria es la libertad de nuestras propias ideas—. Tendré contigo una gran deuda de gratitud. Casi tanto como si me hubieses concedido tres deseos. Por supuesto, que mi primer deseo habría sido éste.

—¿El tener la bola de oro?

—Mi bella bola de oro. Sí; éste habría sido mi primer deseo.

—¿Y qué más hubieses deseado?

—¿Por qué quieres saberlo?

—Por simple curiosidad. Me gustaría conocerte un poco mejor.

—Bueno, no me importa tener que decírtelo. Con tal de que accedas a decirme algo a cambio.

—Está bien. Me parece justo.

—Entonces, mi segundo deseo... Mi segundo deseo sería...

—Por supuesto que ya sabes —dijo la Rana— que no te está permitido desear la paz del mundo ni el fin de la pobreza.

—¿Y eso, por qué? No es que en realidad quiera sacrificar mis últimos dos deseos.

—No lo sé. Pero los deseos no operan de esa forma. Tengo un amigo, un zorro, que es experto en estos asuntos. Suele decir que los deseos son como cristales de aumento: agrandan y enfocan una intención que ya se encuentra dentro de nosotros.

—Ah. Bien; déjame pensar...

—Tómate el tiempo que necesites.

—Me concederé tres minutos —dijo la Princesa, que, al ser muy perspicaz y una joven muy resuelta, se percató rápidamente de que tres minutos serían más que suficientes.

—Ya sé lo que desearía, Rana. Mi segundo deseo sería un príncipe que me amara con todo su corazón; un príncipe que fuese una persona verdadera y no un brillante y encantador imbécil. Y en tercer lugar desearía no ser rica ni famosa.

—¡De veras! —dijo la Rana, sintiendo que su corazón se inflamaba de admiración y desesperación.

—Sí. Desearía vivir una vida de soledad entre dos, en una pequeña cabaña, en el bosque, con una buena biblioteca, un laúd y un telescopio, y un jardinero y doce sirvientes. Puede que también un cocinero. No me gusta demasiado la cocina.

—No podría ser una cabaña demasiado pequeña, entonces.

—No, no deseo ser pobre. Ni rica ni pobre; en el medio. «La norma más sencilla es la más clara.»

—Eso suena muy bien. Una cabaña en el bosque y un príncipe apuesto.

—Ahora te toca a ti decirme algo —dijo la Princesa—. ¿Cómo te convertiste en rana?

—¿Que cómo me *convertí* en rana?

—Sí. ¿Qué sucedió?

—No sé que haya sucedido *algo.* Yo era un renacuajo. Luego crecí y me convertí en rana.

—Pero tiene que haber sucedido *algo.* ¿Cómo fue que llegaste a hablar? La mayoría de las ranas no lo hacen, ¿sabes?

—¿Es verdad eso? Me temo que no conozco a ninguna otra rana. Conozco a un zorro, como te dije antes. Nuestras conversaciones son telepáticas. Todo lo que te puedo decir es que tú viniste y yo comencé a hablar. Nunca antes había hablado. Nunca había tenido necesidad de hacerlo.

—Bueno, eso no tiene sentido si eres una simple rana. Las ranas no se despiertan una buena mañana y deciden hablar repentinamente.

—Pero si yo no he decidido ninguna cosa. Tu estabas llorando. Yo deseaba ayudarte. Te vi y abrí la boca. Las palabras me salieron por sí solas.

—Tú puedes decir lo que gustes —añadió la Princesa, cruzando los brazos sobre el pecho—. Puedes acordarte de lo que quieras. Pero no hay nada que puedas decir para convencerme de que no eres realmente un príncipe.

La Rana pudo comprobar que ella era una joven muy resuelta.

XIII

No todas las ranas que hablan son príncipes encantados

¿QUIÉN ERA la Rana, en realidad?

La Versión Condensada no presenta ambigüedad: sin la menor calificación, dice que la Rana (o más bien, el anterior y futuro Príncipe) había sido encantada por una bruja malvada. En cuanto a cómo había sucedido esto; a cuál había sido la causa de la maldad de la bruja, y a por qué el Príncipe había sido vulnerable a semejante hechizo, son detalles que quedan silenciados. Pero la verdad de todo este asunto está más oscura de lo que implica esta explicación ordenada; y mientras que el orden constituye frecuentemente una virtud en la narración de cuentos, la ausencia de certeza sobre quién había sido nuestra rana en cuestión constituye uno de los elementos más importantes de nuestra historia.

El hecho es que no todas las ranas parlantes son príncipes encantados. Una rana parlante puede ser, simplemente, una rana que habla: consciente, sensible, articulada y, sin embargo, carente de un pasado humano y sin ningún futuro en cualquier otra forma que no sea el de un cuerpo anfibio y húmedo.

¿*Sería* un príncipe? Era esta una pregunta que nunca se le habría ocurrido a él. Su memoria alcanzaba sólo hasta sus primeros días dentro y alrededor del estanque, pero no iba más allá de eso. Es verdad que habían existido dos momentos especiales en los que tuvo ocasión de percibir un débil atisbo de recuerdo de haber sido algo diferente, algo más; y durante ellos su mente se había llenado —una vez por el perfume del jazmín en una mañana de primavera; otra vez por la caída de una hoja de arce— con escenas (¿recordadas?, ¿imaginadas?) en las que se veía alto y seco y extrañamente familiar. Pero luego esos momentos habían pasado, y como certeza sólo le quedaba el recuerdo. Y tampoco se molestaba en tratar de buscarles el sentido. Estaba perfectamente satisfecho de ser rana.

Ahora bien, debo confesarles que conozco muy poco de hechizos y encantos. No vivimos en una época en la que uno necesite saber nada sobre esto. Y es una suerte, por el hecho de que la necesidad de soluciones mágicas implica a su vez la presencia de dilemas mágicos. El mundo, en nuestros días, es más estable que eso. Los pensamientos sólo crean realidad en la forma más sutil y amplia posible. Nosotros, los modernos, no podemos hacer que se cumplan instantáneamente los buenos deseos en nuestro favor ni los malos en contra de nuestros enemigos, y es probable que la única magia que encontremos sea la magia del sentido del mundo de nuestros niños pequeños, o la magia del enamoramiento. Podemos dar gracias por esto a nuestra estrella de la fortuna.

Sin embargo, entre nosotros existen unos cuantos que, en nombre de otros, pueden concertar el viaje de ida y vuelta entre nuestra realidad y las fronteras del alma. Pregunté a una amiga, que es una de esas pocas personas (en otras culturas se les suele llamar hadas blancas), si la Rana, en su opinión profesional, se hallaba bajo un hechizo. Me contestó que mi pregunta era irrelevante. «Lo que sabemos», dijo ella, «es que se trataba de una rana enamorada de una princesa. Este es el planteamiento principal. El modo en que llegó a esto carece de importancia. Puede haberse tratado de una rana con grandes aspiraciones, que sentía un deseo abrumador de dar un salto en la escala de la evolución. O bien, podría tratarse de un príncipe que se había olvidado de sí mismo. Un hechizo no es más que una posición mental congelada. Si uno cree que es una rana, es una rana».

Y voy a tener que dejar las cosas aquí. Sabemos tan poco del pasado de la Rana como la misma Rana. Sabemos tanto como necesitamos del pasado de la Princesa.

XIV

Cómo se enamoró la Princesa

AHORA YA DEBE resultar obvio que la fascinación de estos cuentos antiguos no se debe tanto a lo que sucede sino a cómo y por qué sucede. Ya sabemos lo que sucede. La Versión Condensada ha estado circulando durante largo tiempo, y muchos de nosotros crecimos con ella, como una presencia benigna y reguladora en el teatro de marionetas del inconsciente. Pero en un sentido más profundo, el «cómo» es el «qué». El *Hamlet* de Shakespeare, por elegir un ejemplo famoso, no es la misma historia (histórico-trágica) que cuenta el viejo Saxo Grammaticus. La Versión Condensada, al quedarse en la superficie de los acontecimientos, presenta el carácter de la Rana como un enigma, y es especialmente injusta con la Princesa, al hacer que sus acciones parezcan meramente vanas y petulantes. El apego de ésta por la bola de oro demanda la explicación que les he proporcionado, y más tarde ustedes conocerán con cierto detalle lo que la llevó a arrojar contra la pared a la Rana en su noche de bodas. El aspecto importante en este momento es el modo en que ella llegó a enamorarse.

Sólo mencionaré de pasada que junto con este tema surge una pregunta más importante y de mayor peso: ¿Cuál es la causa de que una mujer se enamore de una rana? Desde tiempos inmemoriales, muchas mujeres, que se quedan mirando al techo del dormitorio *en mitad de la noche*[1], se han formulado la misma pregunta, y si supiera la respuesta, les aseguro que la difundiría libremente a los cuatro vientos, sin pensar en ningún beneficio económico, y contento de contarme entre los benefactores supremos de la humanidad. No conozco la respuesta. Sólo sé cómo fue que esta mujer en particular se enamoró de esta rana específica.

Por supuesto, que hay ranas y ranas. Nuestra rana, como pudo comprobar la Princesa, disponía de un potencial singular. Y de ninguna forma podría uno pensar que la Princesa careciera de autoestima.

El hecho es que nuestro héroe era una criatura adorable. Bueno, esto no es un *hecho* en el estricto sentido de la palabra, y habrá quienes puedan negarlo; aquellos cuyas mentes, formadas por la cultura científica que es nuestro paradigma dominante y a veces bárbaro, pueden concebir el corazón como un órgano meramente muscular y hueco que, mediante su contracción rítmica, actúa como una bomba que impulsa la circulación de la sangre (éstas son

[1] *Hamlet,* acto I, escena II.

las mismas personas que en el laboratorio de biología de la escuela secundaria sentían placer en cortar la espina dorsal a las ranas y en disecarlas). Pero usted tendría que ser muy cerebral para no sentir alguna clase de atracción moral hacia nuestra rana. Y en efecto —es un hecho incontrovertible—, la Princesa comenzó a amarla desde el momento en que percibió la profundidad de la compasión que había en sus primeras palabras.

Pero la fuerza que le arrastraba hacia él era algo más que su compasión y generosidad. Estaba fascinada por su condición de anfibio. Ella también vivía en dos elementos, la corte y el bosque. Esto no significaba nada comparado con una criatura capaz de respirar en el aire y bajo el agua. Era como si pudiese habitar tanto en la matriz primigenia de toda vida como fuera de ella; era como moverse conscientemente tanto en el sueño como en la conciencia vigílica. Después de reflexionar, le parecía que tan sólo esa criatura grácil y, como si dijéramos, ambidiestra, podría ser capaz de descender a suficiente profundidad como para recuperar lo que era tan preciado para ella.

Sin embargo, era totalmente inconsciente de que se estaba enamorando. Su enamoramiento no era como el de la Rana, que se enamoró como si se hallara al borde del Gran Cañón y a la vez, bajo éxtasis y en forma aterradora, se hallara pisando en el vacío, para luego precipitarse en el abismo. Era más bien como si hubiese pisado una piedra y hubiese perdido el equilibrio tan levemente que ni siquiera lo hubiese percibido.

Muchos de los elementos que componían la educación de la Princesa se habrían revelado contra la idea de enamorarse de una rana si hubiese estado consciente de ello. Era ridículo. Era indigno de ella. Además de ser fea, la Rana era incompleta. No sabía ni bailar, ni hablar latín, ni montar a caballo, ni tocar un instrumento. *Pero el amor, una vez implantado en el corazón, es como la semilla de la mostaza: aun cuando es la más pequeña de las semillas, crece y se convierte en un árbol enorme y echa ramas poderosas, de tal manera que los pájaros del cielo pueden anidar bajo su sombra*[2].

Además, el llevarse bien con la Rana fue para la Princesa, al menos al poco tiempo de haberse conocido, una cuestión de interés propio. Ahora bien, el interés propio se considera normalmente como la antítesis del amor. Pero igualmente se puede decir, y lo ha dicho uno de los más grandes filósofos[3], que el interés propio es necesariamente, la base de nuestra motivación, y que el amor no se nutre de otra cosa que no sea de un razonable interés propio. Después de todo, la caridad comienza por casa. Al darse cuenta de que la Rana era la única que podía devolverle la bola de oro, la Princesa, orientó su corazón involuntariamente en dirección de aquella y entró en sintonía de amor.

«Pero, un momento», puede estar usted pensando. «¿No podía haber ordenado la Princesa a un sirviente que le bus-

---

[2] El Evangelio según San Marcos, 4:31-32.

[3] Spinoza.

cara la bola de oro? ¿O no podía haberse metido ella en el agua y haberla recuperado por sí misma? La respuesta es simple. No y no. La Rana era la única que podía recuperar la bola de oro porque era la única capaz de descender hasta el fondo del estanque. Y era la única que lo podía hacer, porque, en esa época, el arte de sumergirse era todavía desconocido en Europa. Y este arte era aún desconocido porque aún no había sido importado de la India. Por lo tanto, la Rana era la única que podía encontrar la bola de oro. Y eso es lo que quería demostrarse.

XV

El trato

HABÍAN ESTADO CONTEMPLÁNDOSE en silencio. La Princesa mantenía los brazos cruzados fuertemente sobre su pecho. Su mirada era fija y decidida; una mirada hostil, se podría decir. La Rana parecía nerviosa. Había tomado una decisión desesperada.

—Bueno —dijo la Princesa—, si estás dispuesto a mostrarte obstinado sobre el asunto, bien podríamos cambiar de tema. ¿Cuándo pensabas entregarme la bola de oro?

—Podría hacerlo cuando quieras.

—Pues ahora es un buen momento.

—No puedo decirte cuánto tiempo me va a llevar, ya sabes. No he hecho nunca nada parecido. Se trata de una bola bastante grande.

La Princesa levantó la ceja izquierda.

—Para *mí* lo es —dijo la Rana.

—Sí, eso creo. Pero no nos enredemos con los detalles. Te has comprometido a esto. Por lo tanto, tendrás que hallar una solución.

—Hum, todavía hay un detalle que tenemos que discutir —dijo la Rana, bajando la mirada.

—Te ruego que me digas de qué se trata.

—Hay algo... Hay algo que quiero —dijo la Rana, obligándose a afrontar la mirada de la Princesa.

—¿Sí?

—Es sólo que... Oh, no sé cómo decirlo con elegancia.

—Entonces dilo sin elegancia.

La Rana tosió levemente para reafirmarse.

—Si te traigo la bola de oro, deseo algo a cambio.

—Ah. Si me traes... De modo que no se trata de una promesa. Lo que quieres es hacer un trato.

—Bueno, sí. Me imagino que es así como tu lo llamarías. Un trato.

—Un acuerdo de negocios. Un arreglo interesado.

—Si quieres expresarlo de esa forma...

—No es que quiera expresarlo de esa forma —añadió la Princesa. Así es como es. Tú dices que me amas; que harías cualquier cosa por mí; que me conseguirías la bola de oro. Ah, y de buenas a primeras, antes de traerme la bola de oro, debo firmar un contrato contigo. Bueno, entonces, adelante. ¿De qué se trata?

—Tienes que consentir... Me siento muy avergonzado de decir esto... —Tosió nuevamente—. Tienes que consentir en amarme y aceptarme como tu mejor amigo y dejarme comer de tu plato y beber de tu copa y dormir en tu cama. Creo que eso es todo. —Inclinó la cabeza por un momento mientras reflexionaba—. Sí, no queda nada más.

—Y no me traerás la bola a menos que acepte todo eso.

—Espero de verdad que lo aceptarás.

—¿Tengo que decidirlo en este momento? ¿O Su Señoría me da permiso para retirarme a considerar su propuesta durante un rato?

—Oh, tómate el tiempo que desees. Disponemos de todo el día.

—Gracias, eres muy amable —dijo la Princesa con sorna.

Mientras la Princesa se sentó a pensar, la Rana se sentó sin dejar de sentir una incómoda mezcla de emociones. Su corazón seguía latiendo con rapidez, y tenía dificultad en hacer que su respiración adquiriera el ritmo meditativo normal. Ahora que la parte más difícil de su conversación ya había concluido y que había dado su ultimátum, se sentía más aliviado. No tenía idea de lo que haría si ella no aceptaba sus condiciones. No había pensado las cosas a fondo hasta llegar a ese punto, y ni siquiera había considerado la posibilidad de dejar de ayudarla. Estaba orgulloso de sí mismo por haber tenido el coraje de plantear a la Princesa lo que deseaba: salirse con la suya no había sido la cosa más fácil del mundo, especialmente ante una princesa de semejante espíritu indómito. Pero, al mismo tiempo, sentía que lo envolvía una oleada de tristeza. Le dolía haber tenido que negociar con ella; haberse visto obligado a utilizar la fuerza, aunque hubiese sido de modo muy delicado, a fin de obtener lo que deseaba. No había tenido la intención de hacerlo. Al ofrecerse como voluntario para recuperar la bola de oro, lo había hecho sólo porque se había sentido conmovido por su pesar. Pero el drama de la situación se había desarrollado muy rápidamente. Desde que se había ofrecido a ello, las cosas habían cambiado radicalmente. Se habían reído de él, aunque creía que ya había superado ese obstáculo. Además, lo habían considerado no como la rana que había sido siempre, sino como un príncipe frustrado; como una persona que, de algún modo, rehusara tercamente reclamar su verdadera identidad. Desde que comprendió la personalidad de la Princesa, estaba seguro de que a menos que hiciese algo enérgico, este primer encuentro sería el último. Sentía vergüenza de sí mismo por usar tácticas de poder. Estaba perfectamente consciente de que más adelante tendría que enfrentarse a repercusiones lamentables, si ambos estaban destinados a ser el uno para el otro. Una joven de su temple no podía evitar resentirse de cualquier clase de fuerza y, ciertamente, miraría con desprecio a cualquiera que le ofreciera ayuda y luego, a conveniencia de éste, agregara condiciones al ofrecimiento como cualquier político de poca monta. Por otra parte, quizá algún día comprendería la fuerza de su deseo y llegaría a perdonarlo. Sí, se sentía profundamente avergonzado, pero también sentía que no tenía elección. Estaba haciendo lo que era correcto. Estaba haciendo la única cosa posible.

A su lado, a escasos treinta centímetros, la Princesa se hallaba sentada, tratando de contenerse. Estaba furiosa. ¡Cómo se atrevía esta criatura a coaccionarla! ¡Cómo osaba demandar su amor, como si el amor fuese una mercancía que uno pudiera fabricar a voluntad! ¡Este pequeño pedazo de cosa, baboso, de ojos saltones y carente de cuello! ¡Qué desfachatez tenía! ¿Estaría pensando que ella era alguna vulgar ramera a la que podía tentar y comprar mediante la más lucrativa de las ofertas? Sentía grandes llamaradas de rabia que le subían del vientre a la cabeza.

¿Pero qué alternativas tenía? Podía marcharse y preservar así su dignidad a expensas de la bola de oro. No, eso no saldría bien. Tenía que obtener nuevamente la bola de oro. Hasta ahí lo tenía claro.

O quizá podría persuadir a la Rana que retirase sus condiciones y renovara su ofrecimiento original, que había sido tan simple y generoso. Sentía no haberlo aceptado formalmente cuando se lo hizo por primera vez. Pero no lo había tomado en serio; apenas había prestado atención, en su estado mental ausente y distraído. Y ahora había pasado el momento. Además, ¿cómo podría persuadir a alguien de hacer algo en su estado actual? Y aun cuando se sintiese perfectamente tranquila, no había nada que decir. Todos los argumentos racionales serían inútiles. Había visto la determinación en los pequeños ojos del batracio. Por supuesto, existía una oportunidad de llevarlo a una mayor compasión mediante la súplica, o actuando en forma teatral, estallando en lágrimas otra vez con objeto de hacerle ablandar. Pero esas eran tácticas tan despreciables como el cambio en el ofrecimiento de la Rana.

Y tampoco iba ella a considerar la utilización de su atractivo físico para obtener lo que deseaba. Nunca había actuado seductoramente, por lo menos en forma consciente. Es cierto que nunca había coqueteado con sus pestañas con ningún hombre ni había tratado de cautivar a ninguna mujer. Incluso cuando había tenido diferencias con sus padres, los había convencido siempre de su punto de vista (cuando los convencía) mediante el poder y la claridad de su pensamiento.

No *quedaban* más opciones. Tendría que aceptar las condiciones de la Rana. Por el momento, el modo en que se las arreglaría para cumplir su palabra quedaba poco claro para ella. No tendría inconveniente en dejar que la Rana comiera de su plato y bebiera de su copa. No era escrupulosa como la mayoría de las damas de la corte. E incluso la condición de dormir en su cama no debería presentar una dificultad insuperable, pensó. Tenía una cama grande, exageradamente grande, como correspondía a la realeza, lo que dejaba mucho espacio a los lados del colchón y a los pies. Además, como mientras dormía se quedaba muy tranquila, no habría mucho peligro de que al darse la vuelta le aplastara.

Pero amarlo, tenerlo como su mejor amigo: ¿cómo iba ella a aceptar eso? Si fuese un príncipe encantado, desde luego, no habría ningún problema; es decir, siempre que pudiese hallar un medio de desencantarlo, y si, una vez liberado de su forma de rana, resultase ser un príncipe a quien ella *pudiera* amar. Pero supongamos que estuviese equivocada respecto a él. No, no estaba equivocada: con semejante intuición poderosa no podía estar equivocada. Pero supongamos por un momento. Supongamos que no fuera más que una compasiva rana parlante. ¿Qué clase de buen amigo o de compañero de cama sería él? Tenía que haber alguna forma. Requeriría una seria consideración. Todavía estaba enojada. Pero ella sabía que una vez que tomara la decisión, lo imposible se convertiría en posible y, de algún modo, aparecería la solución. Así era como habían sucedido las cosas en el pasado. Así era como operaba el universo, con una inteligencia tan vasta que le hacía contener el aliento. No tenía por qué imaginarse las cosas. Podía aceptar el ofrecimiento de la Rana de buena fe, y dejar el resto a...

XVI

La conclusión del trato

—TAO [1] —dijo la Princesa.

—¿Qué sucede? —inquirió la Rana.

—Nada. Sólo estaba pensando.

—Ah, bueno. Temía que algo te hubiese picado. Una abeja o una avispa.

—Si algo me ha picado, has sido tú.

—Lo siento.

—¿Lo sientes bastante como para olvidarte de tus exigencias?

—Lo siento de verdad, pero debo insistir en ellas. Es el único modo.

—Eso creo. Eres un tipo muy obstinado.

—Casi tan obstinado como tú, querida Princesa. Si me permites que diga eso sin faltar al respeto.

—He venido oyendo esa palabra en referencia a mí. En mi caso significa simplemente «determinada».

—Precisamente. Somos bastante parecidos.

---

1 «Tao» suena como «Au», una expresión de dolor.

—¡Huf! —dijo la Princesa. Su bufido fue tan propio de una dama como puede llegar a ser un bufido.

—¿Te has decidido ya?

—Sí, ya lo he hecho. No me satisface en absoluto, pero voy a aceptar tus condiciones.

—Estupendo. Estoy muy contento de oír eso. Vamos a estrecharnos la mano para cerrar el trato.

Él se incorporó ligeramente, se echó hacia atrás y extendió el brazo derecho. La Princesa cogió la pequeña mano de cuatro dedos entre el pulgar y el índice y la movió suavemente. Era imposible dejar de reírse.

—¿Qué tiene de divertido? —preguntó la Rana.

—*Somos* muy parecidos —dijo la Princesa.

La Rana asintió con la cabeza.

—Bueno. Es mejor que me vaya. Regresaré tan pronto como pueda.

—Buena suerte.

—Tu humilde servidor —respondió él, inclinando la parte delantera de su cuerpo en una desgarbada reverencia. De un salto se colocó en el borde del brocal. De un segundo salto se había perdido de vista.

La Princesa lo vio desaparecer, y luego se quedó mirando las ondas mientras se expandían y se iban amortiguando gradualmente.

XVII

La recuperación de la bola de oro

La Rana desciende más y más en la profundidad. Mantiene cerrada las fosas nasales. Se impulsa con sus patas membranosas. Se encamina directamente hacia el fondo.

Nadar hacia el fondo del estanque es como moverse en un sueño: en esa atmósfera tan densa todo se percibe cargado de significado. Su respiración se hace más leve, más plena; se extiende por toda su piel, y siente como un hormigueo de vitalidad en toda ella. La sangre comienza a bullirle. Abajo; abajo; más profundo; más profundo, hasta que puede oler el fango.

La Rana toca el fondo. Mira a su alrededor. En la débil luz no puede ver nada más que agua y fango. ¿Dónde podría hallarse la bola de la Princesa?

Da unos cuantos pasos hacia la derecha, suspendido verticalmente como un bailarín de ballet. Vuelve a mirar. Ah. Allí; un poco más allá: se ve algo que brilla. Se acerca nadando hacia el objeto. Sí, en efecto, se trata de la bola de oro, medio enterrada en el fango. Puede distinguir la abertura y la pequeña cerradura de oro. ¿Qué puede hacer ahora?

Le da un primer empujón con la nariz. Nada. Ni se mueve. Entonces entierra sus patas en el fango, se apoya firmemente, y luego empuja con más fuerza, con nariz y brazos. La bola comienza a rodar.

¿Y ahora, qué?

La bola tiene diez centímetros de diámetro: es casi tan grande como su cuerpo. ¿Podría llevársela con la boca? Hum. Es poco probable, pero merece la pena probar. Abre la boca todo lo que puede e intenta asirla por la parte más lisa de su dorada superficie. Un poco más abierta. Un poco más. Pero las mandíbulas le empiezan a doler. Es inútil intentarlo de ese modo.

Se detiene un momento para evaluar la situación. El único método posible, piensa, es meterse debajo de la bola y levantarla a la vez que él mismo intenta subir. Tendrá que mantener un equilibrio perfecto. Tendrá que concentrarse intensamente. Pero hay posibilidades de éxito.

Mete la nariz bajo la bola hasta que logra colocar la frente bajo ella, pero la bola rueda hacia la izquierda y vuelve a caer en el fango. Lo intenta diez veces más. Y otras tantas la bola rueda hacia uno u otro lado.

Al hacer un último intento logra equilibrarla sobre un punto situado ligeramente delante de sus ojos. Comienza a nadar poco a poco hacia arriba.

Cuando está a punto de llegar a la superficie, justo en el momento en que se imaginaba lo feliz que sería la Princesa, la bola rueda hacia un costado. La ve sumergirse nuevamente, y se apresura a sumergirse tras ella.

XVIII

El beso (1)

—NO, NO ESTABA a punto de dejarte —dijo la Princesa—. Pero no esperaba que te llevase tanto tiempo. Has debido estar allí abajo dos horas por lo menos.

Estaba sentada en el brocal del estanque, sobre sus piernas dobladas. En el regazo, entre los pliegues de su falda de terciopelo, se hallaba la bola de oro. Unas cuantas gotas de agua brillaban en su superficie.

—Fue una tarea difícil —dijo la Rana—. Estoy muy contento de que te sientas satisfecha conmigo.

—Lo estoy. Lo estoy. Apenas puedo contarte lo emocionada que me sentí cuando, después de tanta espera, vi salir la bola de oro del fondo del estanque como si nadie la impulsara. Y luego te vi a ti, llevándola en equilibrio sobre la punta de tu nariz como una foca adiestrada.

—Aunque sin ningún entrenamiento. Fue muy difícil mantenerla en equilibrio. Temía que, en el último momento, se me volviera a caer al fondo antes de poder entregártela.

—Bueno, fue sumamente inteligente por tu parte salir a la superficie justo donde yo estaba sentada —dijo la Princesa—. Sólo tuve que inclinarme un poco y coger la bola de tus manos... de tu nariz, quiero decir.

—Sí. Todavía está un poco sucia de barro; la bola, quiero decir. Espero que no te haya manchado la falda.

—Oh, un poco de barro no tiene importancia. Lo que es importante es que ya he recuperado mi bola de oro. ¿Cómo podré agradecértelo alguna vez?

—Ya sabes cómo.

—Ah, eso. Sí, ya llegaremos a eso a su debido tiempo. Pero ahora me siento muy feliz. Me gustaría celebrarlo.

—¿Cómo lo podemos celebrar?

—Hagamos un brindis. No tenemos champán, de modo que usaremos agua.

—Está bien.

La Princesa cogió un poco de agua en el hueco de su mano derecha, y dejó caer unas gotas sobre su palma izquierda.

—Aquí tienes —dijo, acercándosela a la Rana—. Puedes beber de aquí.

—¿Y puedo proponer un brindis? —preguntó la Rana—. Por tu felicidad.

—Gracias —respondió la Princesa—. Por mi felicidad y mi independencia.

Levantó su mano derecha ahuecada hasta la boca y bebió. La Rana bebió de su palma izquierda.

—Y ahora —dijo la Princesa— me voy a casa. Pero no antes de hacer esto.

Se inclinó todo lo que pudo, apoyándose en el codo, y bajó la cabeza hasta encontrarse cara a cara con la Rana. Entonces lo besó sobre sus fríos labios.

Transcurrieron cinco segundos.

Diez segundos.

No pasó nada.

Tras un minuto, se incorporó y lo miró furiosamente.

—Debo decir que estoy muy molesta contigo.

—Pero ¿por qué, Princesa? Yo no hice nada.

—Ese es exactamente el problema. Has tenido la oportunidad y no has hecho nada.

—¿Qué *tenía* que hacer?

—Ah, tú lo sabes muy bien —dijo la Princesa, en un tono de gran disgusto—. Crees que eres, en realidad, una rana. Yo no lo creo ni por un momento. Pero no puedo resolver tu problema por ti. Y puedes estar seguro que no voy a tratar de besarte otra vez. ¡Puf!

—¿A qué problema te refieres?

Pero la Princesa —sin la menor intención de romper su promesa, aunque sin sentirse obligada a cumplirla de inmediato— ya se había levantado y había iniciado el regreso a palacio, dando largos e impacientes pasos.

—¡Espera, Princesa! —gritó la Rana—. ¡Espérame!

Pero la Princesa no lo oyó. El único sonido que oía era el rápido y decidido crujir de las piedras bajo sus pies.

XIX

Orgullo y antecedentes

AL COMIENZO de nuestra historia, describí a la Princesa como una persona «orgullosa, ingrata y testaruda». Hemos llegado ahora a un punto en el que esta afirmación tiene que ser matizada. No carece de verdad. Pero se hace necesario colocarla dentro del contexto apropiado, para que su verdad se manifieste en forma imparcial y no como un juicio moral.

Todos conocemos historias en las que una joven de talento, de gran valor y con un corazón exigente, no duda en decir no a una propuesta que viene de un hombre que es, en términos sexuales, el arquetipo de la rana; alguien en quien sólo las torpes, las temerosas o las altruistas podrían pensar en aceptar como esposo. Una joven como ésta conoce su propio valor. Y no lo comprometería, incluso ante el riesgo de indisponerse con toda su familia [1].

---

[1] Tanto el párrafo como el encabezado del capítulo hacen referencia al *Orgullo y sensibilidad* de Jane Austen.

Lo que externamente pudiera parecer orgullo, ingratitud y cabezonería, internamente pudiera expresar una inconmovible integridad de carácter. El orgullo, si no traspasa la línea que lo separa de la arrogancia, es simplemente una autoestima sin prejuicios. La ingratitud es la respuesta adecuada a una amabilidad que tiene sus raíces en ella. «Cabezonería» es otra palabra para expresar la confianza en el corazón de uno mismo.

Es importante que este punto quede claro, porque estamos llegando ahora a un asunto crucial. ¿Qué es lo que quiere la Princesa?

Desea que la conozcan. Desea comprometerse, en cuerpo y alma, con un compañero que sea su igual. Es decir, desea lo que pretende cualquier mujer razonablemente interesada en sí misma.

Desde la perspectiva de la Rana, el deseo de la Princesa parece razonable con tal de que no se refiera a él. Si ella espera de él que sea igual a ella, está completamente fuera de sus cabales. Lo que él desea es ser amado por lo que es, no por lo que pueda terminar siendo. Él se valora a sí mismo, pero conoce también sus limitaciones. Si se espera de él que esté a la altura de la Princesa, a todos los niveles de ésta, está condenado al fracaso. Es consciente de que algunas de sus facultades —la capacidad de sumergirse, por ejemplo— puede ser de ayuda esencial al bienestar de su alma. Pero ¿qué clase de vida puede llevar en la corte, o incluso en la cabaña del bosque que tanto desea ella, mientras está ocupada con tantas modalidades de belleza de las cuales él nunca podrá participar? También se plantea la cuestión de abrazarla. Ese mismo pensamiento hace que se sienta tan incapaz, que está a punto de ahogarse en su propia desesperación, si es que las ranas pueden ahogarse.

Desde el punto de vista de un observador externo, las expectativas de la Princesa no sólo parecen locas sino crueles. La primera regla del amor es aceptar a la otra persona plenamente, tal y como es. ¿Correcto?

No es correcto. La Princesa es una mujer con visión de futuro. Puede ver que la Rana es un príncipe. No le importa cómo pudo convertirse en rana, y no malgastará su tiempo imaginando cómo puede volver a convertirse en príncipe. Pero está segura de que, de una u otra forma, logrará transformarse. Rehúsa aceptarlo con el aspecto que tiene temporalmente, porque sabe quién es él, en realidad. Aceptarlo como rana sería como negar su visión. Y eso no está dispuesta a hacerlo.

En cualquier otra situación, la expectativa de la Princesa constituiría una crueldad para los animales parlantes. Pero todos sabemos cómo termina nuestra historia. En realidad, la Rana termina convirtiéndose en un príncipe, y ello se debe a la visionaria testarudez de la Princesa. Seguiremos hablando de esto más adelante. De lo que debe usted darse cuenta ahora es de que si nuestra heroína hubiera sido una princesa más amable y gentil, habría terminado nada más que con una rana como mascota.

XX

Un viaje de mil kilómetros comienza con el primer salto [1]

LA RANA está sentada en el borde del estanque. La Princesa hacía tiempo que se había marchado. Se ha quedado mirando hacia el bosque, al lugar entre los arces por donde ella había desaparecido. Sabe que tarde o temprano va a tener que ir tras ella hasta el palacio. Es un trayecto sumamente largo. Le convendría empezar cuanto antes. Pero una inercia extraña se ha apoderado de él. Se siente imposibilitado para moverse. De vez en cuando un pensamiento cruza por su mente como una mosca gorda. Sin moverse, lo observa cómo llega y se va.

[1] Hace referencia al *Tao Te King,* capítulo 64.

XXI

El Rey, la Reina

MIENTRAS QUE LA RANA reunía el coraje para comenzar su largo viaje hasta el palacio, los padres de la Princesa, una vez concluidos por ese día sus deberes de Estado, se habían retirado al estudio real. La Reina se ocupaba en colocar unas rosas en unos grandes floreros de porcelana china que habían sido importados de Corea en tiempos de su bisabuelo. El estudio era el santuario del Rey, y ella se aseguraba de que todo lo que allí había estuviera siempre como debía estar. Los paneles de nogal habían sido tallados por maestros italianos, en el siglo anterior, con escenas de la historia de Grecia, Roma y China: Pericles entregando la Oración Fúnebre, Lao Tse dando órdenes a los guardias fronterizos, el niño Alejandro domando a Bucéfalo mientras le libraba de su propia sombra, Horacio podando las viñas en su querida huerta Sabina, Li Po y Tu Fu en una terraza a orillas del lago, levantando las copas de vino por la luna. En los estantes se alineaban libros encuadernados en piel púrpura estampada en oro; algunos de ellos eran manuscritos iluminados, otros estaban impresos sobre vitela, y en las esquinas de sus frontispicios exquisitamente decorados, así como en las letras mayúsculas con las que comenzaba cada capítulo, los mejores miniaturistas, en su día, habían pintado retratos de los antepasados del Rey o de la Reina en plácida compañía de los antiguos autores: Aristóteles jugando al ajedrez con el bisabuelo de la Reina, por ejemplo, o Chuang-tze y Confucio cenando en la mesa de banquetes del padre del Rey. La luz de la tarde penetraba a través de altos ventanales con vidrios de colores, para ir a caer sobre unas butacas tapizadas en terciopelo púrpura y sobre el escritorio del Rey, adornado con incrustaciones de flores de lis en hojas de oro y nácar alternadamente y sostenido por cuatro leones rampantes en ébano, cuyas sonrisas benignas sugerían que acababan de realizar una buena comida.

El Rey estaba sentado en una de las butacas, leyendo la Historia Natural de Plinio, en una copia acabada a mano de la soberbia edición de Nicolás Jenson. La Reina estaba terminando de arreglar la última de las rosas.

—¿Es que me lo parece —dijo la Reina, volviéndose hacia el Rey—, o tú también sientes que está a punto de suceder algo excepcional?

—No —dijo el Rey—, todo parece totalmente normal, gracias al cielo.

—Es una sensación muy desagradable. Ojalá la sintieras tú también.

—Bueno, mi amor, quizá ésta va a resultar una de tus premoniciones inexactas. ¿Te pican los lóbulos de las orejas?

—Sólo la oreja izquierda.

—Hum. No es un signo muy claro. Tendremos que esperar y ver. Desde luego que, aun si eso fuese un signo claro, tendríamos que esperar y ver.

—Sí, pero estaríamos esperando de modo diferente.

—En alerta —dijo el Rey—. Ha pasado largo tiempo desde que ocurrió el último Fenómeno Excepcional en nuestro reino.

—Casi cinco años.

—Y qué apasionadamente esperábamos todos que aquél fuese el último.

—Pero entonces, por supuesto, está el informe sobre Alemania. Ha habido dos incidentes durante los pasados tres años.

—Sí; el informe era desolador. Especialmente el párrafo sobre los dos niños en la Selva Negra[1].

—Y la casa hecha de pan de jengibre.

—Y la mujer caníbal con los diminutos ojos rojos —dijo el Rey—. Brrr. Todavía se me pone la piel de gallina.

—El otro asunto era casi tan horroroso.

—¿El que se refiere al pájaro dorado?

—Ah, se trataba de algo más que de un pájaro dorado —explicó la Reina—. Había un caballo dorado y una niña en un castillo de oro. Una niña con un buen árbol genealógico,

---

1 *Hänsel und Gretel,* Hermanos Grimm.

afortunadamente[2]. El príncipe se las arregló para llevárselos todos a casa. En realidad, aquel príncipe es el tercero y último hijo del Rey de Wittenberg, tu segundo primo en ser desheredado.

—Mi primo siempre consideró a su hijo menor como algo parecido a un imbécil. Antes del incidente, quiero decir. Fue un asunto *sumamente* extraño.

—Sí, querido, así fue. Las cosas se vuelven muy espantosas al final; pero todo resultó bien, como suele ocurrir con estos sucesos.

—Pero incluso cuando terminan bien, todo el reino anda con los nervios de punta aun después de muchos meses. El pueblo no puede pasar frente a un animal sin sentirse espiado. Comienzan a hablar en voz baja cada vez que se acerca un caballo o una vaca. Han dejado de comer carne. El precio de los vegetales está por las nubes.

—Para no mencionar el precio de los anillos.

—¿Todavía te está picando el lóbulo de la oreja?

—Ahora me pica en ambas orejas.

—No obstante —dijo el Rey—, eso no es una señal definitiva. Después de todo, te equivocas nueve veces de cada diez.

—Más bien, creo que son cinco de cada seis. Pero es verdad. Admito que me equivoco a menudo. Espero que esto no tenga que ver con... (En este punto mencionó el nombre de pila de la Princesa.)

---

2 *Der Goldene Vogel,* Hermanos Grimm.

—¿Dónde está ella esta tarde?

—Oh, probablemente está caminando por el bosque.

—Está en una edad peculiar. Tengo la seguridad de que saldrá de eso.

—Por supuesto que yo también lo espero —añadió la Reina—. Tiene veintitrés años. Es el momento oportuno para contraer matrimonio y quedarse tranquila. Nunca debimos haber consentido lo de su Prueba.

—No te preocupes —dijo el Rey—. Todo saldrá bien. Se enamorará cuando esté preparada. Ya aparecerá el hombre adecuado.

XXII

Alerta amarilla

HABÍA TRANSCURRIDO mucho tiempo antes de que la Rana lograra llegar a las puertas del palacio. La Versión Condensada dice que el viaje le llevó un día. Pero lo que a un humano le parece un solo día puede significar un mes o un año en la conciencia de un animal pequeño. Además, las historias antiguas tienen fama de ser muy poco precisas a la hora de medir el tiempo. Por «día» pueden querer decir, no el periodo entre un amanecer y el siguiente, sino algo que sobrepasa nuestra capacidad de captarlo; algo que guarda la misma relación respecto a nuestra experiencia de «un día» como una montaña respecto a una piedrecita arrancada de ella misma. Así, cuando el Libro del Génesis nos dice que era de noche y que era de mañana, un primer día —aun cuando todavía no existía el sol y no existiría hasta el cuarto día— podemos ver la roca madre del lenguaje en estado de fusión fluida, y a nosotros mismos en el Jardín, hombro con hombro con Adán, antes de que cualquier cosa de esta tierra hubiese descubierto su propio nombre.

A pesar de todo, la Rana logró llegar. Fue saltando un enorme escalón tras otro, hasta subir la escalera de granito que conducía desde el bosque al jardín formal. Fue saltando un enorme escalón tras otro, hasta subir la escalera de granito que conducía desde el jardín principal hasta las puertas del palacio. Finalmente, tras atravesar las puertas, y pasar por la entrada principal, y el salón de recepción, cayó exhausta y jadeante, formando lo que se veía como un cúmulo verde, no lejos de la gran puerta de roble del comedor.

Del otro lado de la puerta, en el espléndido salón comedor pintado de color violeta azulado, que había significado la mayor vejación y gloria para la Reina, se hallaba sentada la familia real alrededor de la más pequeña de las mesas. Un trío de cuerdas, situado cerca del pasillo que conducía a la cocina, tocaba una suite de música de sobremesa con un ardor templado sólo por su discreción. El Rey se sentaba a la cabecera de la mesa; la Reina a su derecha y la Princesa frente a él, a su izquierda, a una distancia de unos dos metros: no era una distancia muy íntima, pero suficientemente próxima como para que ella no tuviese necesidad de levantar la voz. Un mantel de rico damasco, de color marfil claro cubría la caoba adornada con incrustaciones. Toda la vajilla estaba labrada en oro de veinticuatro quilates (debía de ser fundida y moldeada de nuevo cada vez que se producía una mella de consideración): los pesados platos, las copas de agua y las de vino, los pesados cuchillos, cucharas y tenedores de tres dientes, todos ellos moldeados con los símbolos reales de la llave y la serpiente. El oro resplandecía a la luz de los candelabros, y a los Reyes les parecía algo tan corriente y normal como la cerámica cocida y el acero inoxidable nos parecería a nosotros; tan elásticos son los perfiles del deseo humano.

El menú también era un acontecimiento cotidiano. Tras la media docena de aperitivos, que hoy incluían ancas de rana, cuatro camareros de librea habían traído sendas fuentes de oro con abundantes crêpes rellenas con rebanadas de langosta y setas, junto con una botella de fino Chardonnay, para comenzar la comida propiamente dicha. El siguiente plato, que había sido servido exactamente cinco minutos antes, era rodaballo asado con puerros y champán. Para el resto de la comida —tras un intermedio para depurar el paladar consistente en sorbetes de limón y lima— el cocinero había preparado pichón hervido relleno con nabos, salvia, y *foiegras* de pato, y una pierna de cordero con endibias acarameladas y salsa de trufas, acompañados por un viejo Borgoña. Finalmente, junto con el carro de los quesos y la fruta, vendría una botella de champán y una del mejor Oporto y, de postre, una *mousse* de chocolate y una tarta helada de manzana y almendra con vainilla en rama. Los Reyes no creían demasiado en la austeridad.

La conversación de la cena discurrió de la misma forma aguda y erudita que siempre, desde la filosofía a la política, y de la arquitectura al pedigrí de los sementales reales, y a la famosa colección de camafeos que el Rey estaba negociando para comprar al Duque de Milán. Pero por debajo de las palabras, la mente de la Reina se hallaba, digamos, en alerta amarilla. Había observado que la Princesa había obrado hoy de una manera excepcionalmente animada, y esto, junto con su propia comezón en los lóbulos de las orejas, le dieron la pauta. Algo le había sucedido a la Princesa: estaba segura de ello. Y algo más estaba a punto de suceder. ¿Qué demonios podría ser? El rostro de la Princesa se veía inusitadamente animado, pero la animación que la Reina percibía en él ahora era de una intensidad más elevada; como si, en medio de la conversación sobre filosofía, camafeos y caballos, la Princesa estallara en un descubrimiento intelectual recién hecho. Los iris de sus ojos, de un rico tono marrón tostado, que se hacía mínimamente más claro cerca de las pupilas, casi estaban echando chispas. La Reina, que la había visto en ese estado mental una media docena de veces antes, la había contemplado siempre con una mezcla de placer, preocupación e incomprensión; si bien en ninguna de esas ocasiones había sido capaz de averiguar, mediante indirectas, a qué se debía su emoción. Había requerido mucho tacto y autocontrol no hacer preguntas, incluso cuando la Princesa era niña. La Reina no tenía ahora intención de hacer preguntas.

XXIII

La serenata

ANTES de que hubiera seres humanos, antes de que existiesen los mamíferos, antes de que existieran aves con plumas, cuando la naturaleza había permanecido a la escucha de su propio silencio durante miles de millones de años, y los únicos sonidos eran los que produce el viento y el agua, y el monótono zumbido de los insectos, surgió el primer sonido sobre la tierra de las bocas de las ranas. Y aun cuando han existido sonidos más melodiosos desde entonces (los sonidos del ruiseñor y del sinsonte, los del delfín y de la ballena, los de Bach, Mozart y Schubert), no existe ningún canto —ahora, en los días en que la tierra está en peligro, cuando tantas de sus especies han desaparecido, sirviendo de corpúsculos blancos del planeta que entregan su vida en la lucha contra la codicia y la locura humanas—, no existe un canto más merecedor de nuestro respeto que el antiguo canto de la rana.

Las mismas ranas, desde luego, creen que su canto no es superado por nadie. Lo que a nosotros nos suena como *ribbit* [1] o *brekekekek ko-ax-ko-ax* [2], es para ellas, y quizá para un superoído humano capaz de discernirlo, la más bella y erótica de las serenatas. Por eso el coro de ranas de Aristófanes, en forma modesta pero enfática, nos habla de cuán favorecidas son de todos los dioses de la música y la poesía:

> *Pues las Musas nos han agraciado con sus propias, dulces y tranquilizadoras voces;*
>
> *Y Pan, el caminante con cuernos, que silba con una caña en el bosque,*
>
> *Se deleita con nuestra música; y el mismo Apolo queda cautivado cuando cantamos a coro en ríos y charcas, mientras nos escabullimos entre las flores del pantano o nos asoleamos sobre las verdes hojas flotantes de los lirios;*
>
> *e incluso cuando llueve y nos zambullimos en aguas profundas,*
>
> *todavía puedes escuchar nuestro dulce canto elevándose como burbujas desde abajo* [3].

La Rana está sentada del otro lado de la gran puerta de roble que da paso al comedor. Sabe que la Princesa se halla en el interior. Está decidido a hacerle cumplir el trato, aun cuando no desea ser autoritario o legalista respecto a ese tema. Es consciente de que está todavía físicamente as-

[1] Onomatopeya americana para el croar de las ranas.

[2] *Las Ranas,* de Aristófanes.

[3] *Ibídem.*

queada de él. Por otra parte, tan sólo le ha escuchado hablar. No ha cantado nunca para ella.

Hace una aspiración profunda. Cierra la boca y las fosas nasales. Comprime el aire de un extremo a otro, entre los pulmones y la boca, forzando a que parte del mismo pase entre las hendiduras en la base de la boca hacia el saco bucal, que se infla como un globo. Luego lo suelta. Su voz se halla hoy en un buen momento. De su garganta surgen las cadencias y trinos más encantadores. Al cantar expresa todas las emociones que han hecho que su corazón se llene hasta rebosar: su amor por la Princesa, su anhelo y desaliento, su confusión, su absurda esperanza. Se siente lleno de energía; está inspirado. Sigue cantando y cantando; apenas puede detenerse para tragar otra bocanada de aire. Un canto glorioso tras otro resuena por todo el salón comedor, a través del vestíbulo de recepción, por las habitaciones, a través de todo el vasto palacio que lo magnifica con su eco, y luego hacia el aire que lo hace resonar.

XXIV

El Rey, la Reina, la Princesa y la Rana

—¿QUÉ ES ese horrible croar? —dijo la Reina.

—Si no fuese tan improbable —afirmó el Rey—, diría que hay alguna clase de rana en la puerta.

Luego, volviéndose hacia la Princesa:

—¿Sabes algo sobre esto?

La Princesa se ruborizó.

—Sí, papá. *Hay* una rana en la puerta. Luego lo explicaré todo.

—Bueno, espero que sea una rana común —dijo el Rey—. De cualquier forma, no debemos hacerla esperar. Por favor, querida, ve a darle la bienvenida.

—Sí, papá —respondió la Princesa—. Dobló su servilleta de damasco bordado y la dejó al lado de su plato. Luego, al tiempo que un camarero le retiraba la silla, se levantó, anduvo hasta la puerta, y la abrió.

La Rana desinfló su saco bucal. Le hizo una reverencia y luego saltó a través del umbral.

—Buenas tardes, Alteza —dijo en voz alta—. Espero que te encuentres bien.

—Gracias —contestó la Princesa—. En verdad no esperaba verte por aquí. Has debido hacer un largo viaje.

—Por supuesto que ha sido un largo viaje —respondió la Rana.

Y luego, dirigiéndose al Rey:

—*Sire, je suis très-heureux de faire votre connoissance royale.*

Y con una gran reverencia se dirigió a la Reina:

—Majestad: vuestro humilde servidor.

El Rey estaba sorprendido. Era obvio que empezaba a producirse un Fenómeno Excepcional: no sólo en su reino, no sólo en su capital, no sólo en su palacio, sino en medio de su propia familia. Podía sentir una especie de mareo, como si el salón fuera un barco en medio de una tormenta. Por otra parte, era obvio que la Rana era una criatura muy bien educada. Su francés era soberbio. No había motivo para no tratarla como a cualquier otro ser inteligente; como para no hacer extensiva hacia ella la misma cortesía que uno podía emplear con cualquier noble e incluso con cualquier burgués educado. A pesar del hecho de que ese acontecimiento era muy desagradable —en realidad era la última cosa en el mundo que él hubiera deseado que sucediera—, el Rey era consciente de que sólo alguien que estuviera preparado para todo, que no excluyera ninguna experiencia, incluso la más incomprensible, podría decirse que vivía en armonía con el Tao. Sí, el Maestro «está disponible para todos / y no rechaza a nadie, / está listo para utilizar todas las situaciones / y no desperdicia nada»[1]. El Rey confiaba en poder sobrellevar este acontecimiento, incluso contando sólo con una pequeña parte de esa gracia magistral.

—Buenas tardes, señor —dijo el Rey a la Rana, con una leve inclinación de cabeza—. Bienvenido a nuestro palacio.

La Reina no dijo nada. No había ninguna expresión en su rostro.

El Rey se volvió hacia ella.

—Mi amor, nuestro visitante nos ha deseado las buenas tardes.

—Ah —respondió la Reina, parpadeando como si acabara de salir de un trance—. Buenos días, señor. Buen día para vos. ¿Cómo os sentís hoy?

—En realidad —dijo la Rana—, me estoy sintiendo muy cansado y con mucha hambre.

—En ese caso, puede unirse a nuestra comida —dijo el Rey—. Puede sentarse al lado de mi hija, ya que parece que ambos se conocen.

—Gracias, Majestad. Es muy amable de vuestra parte. Os agradezco que me ofrezcáis algo de comer.

—Ayúdale a subir, querida —dijo el Rey a la Princesa—. Levántale hasta tu sitio y colócalo en la mesa a tu lado.

La Princesa obedeció, con un leve estremecimiento que tan sólo la Rana pudo percibir. Mientras ella regresaba a la mesa, el Rey hizo sonar la pequeña campana de oro que se

---

1 *Tao Te King,* capítulo 27 (mi versión).

hallaba a la derecha de su plato para anunciar el comienzo de la comida.

Se abrió la puerta de la cocina y apareció el cocinero, un hombre bajo y anguloso, vestido de blanco, que llevaba un delantal de seda blanca. Hizo una reverencia, se acercó hasta la cabecera de la mesa, y se inclinó nuevamente.

—Hoy tenemos un huésped para la cena —dijo el rey.

El cocinero se volvió en dirección a la Princesa, echó una mirada al visitante, y con perfecta *sangre fría* dijo:

—Sí, Majestad.

—No conozco las preferencias de nuestro huésped —dijo el Rey—. Pero supongo que unas *mouches à l'orange* no serán mal recibidas. Haga que su ayudante de cocina cace una docena de moscas grandes.

—A vuestra disposición, Majestad —dijo el cocinero, con una reverencia—. Prepararé un plato, por así decir, digno de un Rey.

Veinte minutos después, tras un intervalo de charla banal que versó con gran detalle sobre el clima en esa primavera, trajeron el plato y lo colocaron delante de la Rana. Sobre un pequeño plato de oro, en medio de un archipiélago de berros y ajos picados, doce moscas, asadas en su punto, con sus patas crujientes tiesas mirando hacia arriba, flotaban sobre su dorso en un fragante mar de color marrón anaranjado.

En el preciso momento en el que este plato hacía su aparición en la mesa, los camareros, con precisión coreográfica, retiraron los platos del rodaballo, que ahora se habían enfriado, y los reemplazaron con platos de pichón hervido.

Los Reyes cogieron sus cuchillos y tenedores y comenzaron a comer. Tras el segundo bocado, el Rey se volvió hacia la Rana, y dijo:

—¿Por qué no ha comenzado, señor? ¿No es de su gusto el plato?

—Por el contrario, Majestad, tiene una apariencia y un olor deliciosos. Pero Su Alteza y yo hemos acordado un pequeño trato. No pretendería abordar el asunto por mí mismo.

—¿A qué se está refiriendo el gentilhombre, ejem, la gentilrana? —dijo el Rey.

—Oh, papá —interrumpió la Princesa, volviendo a ruborizarse. (Su rubor es extremadamente atractivo, pensó la Rana)—. Es verdad. Esta rana y yo hicimos un... trato.

—¿Qué clase de trato?

—Bueno, papá, no sé cómo se me cayó mi bola de oro en el estanque, y esta rana me la devolvió. A cambio —dijo, bajando la mirada y la voz— accedí... Bueno, accedí a amarlo y a tenerlo como mi mejor amigo, y a dejarle comer en mi plato y a beber en mi copa y... (su voz se hizo ahora más débil) a dormir en mi cama.

—¿¡Que hiciste qué!? —gritó la Reina.

—Su Alteza aceptó —dijo la Rana— a amarme, a tenerme como su mejor amigo, a dejarme comer en su plato, a beber en su copa de oro y a dormir en su propia cama blanda. Por eso estoy esperando a que ella traslade mis

—debo decir, elegantemente preparadas— *mouches* a su plato, o al menos, a que las ponga en el borde.

—¿¡¡Qué dices que hiciste!!? —inquirió la reina, en un tono más elevado de irritación.

—Por favor, no te enfades, mamá —dijo la Princesa—. Tu sabes cómo aprecio mi bola de oro. Me pareció que esa era la única solución posible.

—El hecho —dijo el Rey— no es si esa era la única solución posible. El hecho es... El hecho es... Oh, contrólate, mi amor. Un sonido, entre un grito y un sollozo trataba de encontrar salida por la garganta de la Reina.

—El hecho es —dijo la Rana— que Su Alteza me hizo una promesa.

—Precisamente —dijo el Rey—. Has dado en el clavo. Si la promesa ha debido ser hecha o no, es irrelevante. Si el juicio de Su Alteza al hacerlo fue responsable o no, es igualmente irrelevante. El hecho es que ella ha dado su palabra. Nuestra palabra es la verdadera fuerza vital de nuestro honor, el alma misma de nuestra integridad. Y si nosotros, que nos hallamos tanto en la base como en el ápice de la sociedad, dejamos de cumplir nuestra palabra, sólo puede sobrevenir el desastre; un desastre mucho peor que los pequeños desastres que se presentan en el curso de la naturaleza y de los que uno puede recuperarse, ya sea moral o físicamente. Si nosotros, que vivimos y morimos por nuestro sagrado honor, dejamos de honrar nuestra palabra, dada solemne o accidentalmente, se desharán los lazos que unen a la sociedad: la nobleza perderá el corazón; la burguesía dejará de ser guiada por nuestro ejemplo, los pobres dejarán de soñar con nosotros, el vecino comenzará a engañar al vecino, el marido mentirá a su mujer, y la totalidad de la camaradería humana se volverá nada más que una manada de animales gruñones. Disculpadme.

—No me siento ofendido —dijo la Rana—. La elocuencia de Su Majestad encantaría hasta a la fiera más salvaje.

—Ese es un bonito cumplido, señor —admitió el Rey.

—Si puedo interrumpir, papá —dijo la Princesa.

—Sí, mi amor —dijo el Rey—. Puedes hablar.

—Nunca tuve la intención de incumplir mi promesa —expuso la Princesa.

—Entonces, ¿por qué huiste de mí? —dijo la Rana. Me dejaste en el estanque, y me llevó mucho tiempo alcanzarte.

—Discúlpame por eso. Lo siento de verdad. Pero ayer me sentía tan feliz que quería celebrarlo.

—¿Y qué pasa con tu promesa? —dijo el Rey.

—Intentaba cumplirla; te lo aseguro. Pero primero necesitaba algún tiempo para poder acostumbrarme a ello. Después de todo, nuestro acuerdo no especificaba que todo tuviera que realizarse al mismo tiempo.

—¿Es verdad eso? —preguntó el Rey a la Rana.

—Sí, Majestad, es verdad que no fue establecido. Pero, con vuestro gracioso permiso, tendría sumo placer en presentar mi punto de vista de la historia.

—Con mucho gusto, señor. Continuad —dijo el Rey.

—Si se *me* permite interrumpir —dijo la Reina.

—Nuestro huésped hizo su petición antes, mi amor —explicó el Rey—, y por cortesía debemos dejarle hablar. Después que haya terminado, podrás decir todo lo que quieras.

La Reina asintió con la cabeza. Se la veía muy entristecida.

—He aquí mi caso, Majestad —dijo la Rana—. He estado enamorado de vuestra hija durante algún tiempo. Me doy cuenta, por supuesto, que no soy en absoluto merecedor de ella y que vive en un plano infinitamente superior al mío. Por otra parte, soy un individuo, digamos, sumamente decidido. Poseo muchas virtudes que pueden no ser evidentes de inmediato cuando uno mira mi forma externa. Y pienso que tengo mucho que ofrecer a Su Alteza.

—¿Podrías ser más específico? —inquirió el Rey.

—Realmente no, Majestad, si me es permitido. Su Alteza está muy consciente de lo que tengo para ofrecer. La Prueba de las Tres Bolas —que conocí gracias a un cierto zorro— sería una mera formalidad para mí. Sé cuál de ellas debo escoger.

—Parece como si hubiese hecho una proposición de matrimonio —dijo el Rey.

—Era y es una proposición —aclaró la Rana—. Eso es obvio.

Otro medio grito, medio sollozo trató de abrirse camino a través de la garganta de la Reina.

—Cierra los ojos, mi amor —dijo el Rey—. Respira. Ya tendrás tu oportunidad tan pronto como nuestro huésped haya terminado.

—Permitidme referirles exactamente cómo sucedieron las cosas en el estanque —dijo la Rana—. Su Alteza estaba consternada, la pobre, y lloraba a lágrima viva. Tendría uno que haber sido de corazón muy duro para no postrarse a sus pies y ofrecerle cualquier cosa que pudiera mitigar su pena. No tenía seguridad de poder devolverle la bola de oro, pero estaba dispuesto a morir en el intento. Y habría hecho mucho más si me lo hubiese pedido. Habría saltado hasta el fin del mundo, hubiera ido en busca de la llaves de oro, hubiera vencido a los magos negros, hubiera clasificado montañas de grano, hubiera convocado a todo el reino animal para que me ayudara a cumplir cualquier tarea que me hubiese sido encomendada. Así es la profundidad de mi amor por ella, y lo seguro que estoy de que somos el uno para el otro.

—¿Entonces, por qué pusiste condiciones a tu amor? —preguntó el Rey.

—Sí, ¿por qué me forzaste a aceptar un trato? —dijo la Princesa. Su voz era clara y diáfana.

—Me pareció que era el único modo de asegurar lo que tenía que suceder —dijo la Rana—. Lo tendré que pagar después, ya sé. Pero también sé que vuestro enojo se suavizará a medida que crezca vuestro amor por mí. El amor ablanda todo excepto nuestro sentido de la integridad.

—Humm —dijo el Rey—. Debo anotar eso en mi libro de aforismos. No sé si es profundo, pero *suena* profundo. De modo que te las arreglaste para sacar la bola de oro.

—Sí. Fue una tarea difícil, pero no imposible. Estaba orgulloso de mí mismo. Y estaba muy feliz por Su Alteza. Pero tras una breve celebración, y un beso todavía más breve y no totalmente satisfactorio, ella se volvió sobre sus talones y huyó. Acepto que necesitaba algún tiempo a solas para asimilar todo lo que había sucedido. Pero, si me permiten hacer una ligera crítica de alguien a quien, por otra parte, tengo en la más alta estima, me parece un tanto descortés por su parte el no haberme consultado primero. Podía haber dicho sencillamente: «Mira, Rana» (ella me llama Rana), «necesito algún tiempo a solas para poner todo esto en orden. Encontrémonos aquí otra vez, mañana. Te invitaré a palacio tan pronto como pueda hacerlo, y te presentaré a mis padres, y después comenzaremos a comer, beber y dormir juntos». Ese habría sido el modo adecuado de proceder. ¿Está de acuerdo Su Majestad?

—Sí, lo estoy —respondió el Rey—. Desde luego que lo estoy.

—Bueno, así es como se ven las cosas desde mi perspectiva —dijo la Rana—. Espero que Su Majestad tendrá a bien concederme la mano de su hija en matrimonio.

Luego, volviéndose a la Reina:

—Espero que esto os complazca también a vos, Majestad.

—Estoy tratando... —replicó la Reina—, estoy haciendo un gran esfuerzo... para mantener mi sentido de la compostura.

La ansiedad se había apoderado de sus hilos nerviosos como un titiritero de los de sus muñecos.

— Espléndido, mi amor —dijo el Rey—. Es todo lo que podemos pedirte.

—Pero no es fácil estar sentada aquí, siendo testigo de cómo estos acontecimientos —«excepcionales» es apenas una palabra suficientemente fuerte para calificarlos— se desarrollan y se descontrolan tan rápidamente. Ahora, señor —dijo, volviéndose hacia la Rana—, déjeme decir, antes que nada, que usted parece una persona excelente... una criatura. No tengo nada contra usted per se.

—*Per te* —dijo el Rey.

—*Per te.* De hecho, estoy conmovida tanto por su amor por mi hija como por su fortaleza de carácter. No deseo nada más para Su Alteza que el que encuentre un buen hombre que la ame de verdad. *Y aquí reside, precisamente, la dificultad*[1]. Usted no es un hombre. Usted es una rana.

—Ya sabemos eso, mi amor —dijo el Rey.

—Papá... —intervino la Princesa.

—Un momento —interrumpió la Reina—. Sabemos que, a pesar de ello, estamos actuando como si no lo supiéramos en absoluto. ¿Hemos, siquiera, empezado a considerar las consecuencias de esta... unión? Yo no tendría ningún problema en absoluto, se lo puedo asegurar, si el matrimonio significara solamente compañerismo. Tu tienes suficiente edad (aquí nombró a la Princesa por su nombre de pila) como para hacer una elección por ti misma, y si me sintiese satisfecha con la lealtad y la bondad de corazón de tu futuro

[1] *Hamlet,* acto III, escena I.

esposo, eso sería el final del asunto. Por supuesto, habría querido alguien un poco mayor; un poco menos... verde.

—Lo siento muchísimo, Majestad —añadió la Rana.

—De nada, de nada —dijo la Reina—. Esto no se refiere a su aspecto externo. O tiene muy poco que ver con eso. Pero el hecho es que el matrimonio significa más que compañerismo. También significa hijos, o la posibilidad de tenerlos.

—¿Y Su Majestad se siente incómoda ante la perspectiva? —expuso la Rana.

—Mi estimado señor —dijo la Reina—. Estoy intentando tener una mente muy amplia respecto a todo este asunto. Ni por mi naturaleza, ni por mi educación soy alguien que mantiene puntos de vista estrechos, ni que tenga prejuicios —si es que tengo prejuicios— capaces de ejercer cualquier suerte de dominio sobre su modo de pensar. Si bien no siempre logro ser razonable, al menos, hago el máximo esfuerzo. Ahora bien, es verdad que me he imaginado a mi futuro yerno como un hombre alto, apuesto y francés. O si no francés, al menos de Europa Occidental. O si no europeo occidental, por lo menos humano. Puede ser que esto demuestre una visión limitada, de mi parte, pero es comprensible, creo. Puedo desprenderme de semejantes imaginaciones, y puedo intentar ampliar conscientemente mi estética para incluir lo que, en sus especies, puede considerarse como un signo particular dc belleza: el ángulo preciso con el que sus ojos se proyectan fuera de su cabeza, quizá, o el grado de translucidez de su pegajosa garganta blanca.

—Muy amable de vuestra parte, Su Majestad —dijo la Rana, haciendo una pequeña reverencia—. Aunque dudo de que yo sea un ejemplar hermoso, incluso entre las ranas.

—Esa no es la cuestión —aclaró la Reina—. La cuestión es que usted es una persona... una criatura... de carácter, y yo estaría feliz de acogerlo en mi familia, de darle mi sincera bendición, si no fuera por la cuestión de la descendencia.

—¿Y cuál es exactamente tu objeción, mi amor? —inquirió el Rey.

—¿No resulta obvia?

—Me temo que no —dijo el Rey—. No logro ver adónde quieres llegar.

—¡Por todos los cielos! —exclamó la Reina—. ¡Piensa sólo en ello! ¡Mis nietos —*nuestros* nietos— serían mitad humanos y mitad ranas!

—Eso es verdad —dijo el Rey—. Realmente es verdad. Pero me parece que no presenta una dificultad insuperable. Tendrían, sabes, unos padres de carácter excelente y de corazón amable. Y las ranas, como los castores, las focas y otros anfibios, como nos dice Plinio, son criaturas muy versátiles. En cualquier caso, preferiría mucho más que nuestra hija se casara con esta rana a que lo hiciera con uno de esos bellos, holgazanes primogénitos del Rey de Wittenberg, por ejemplo.

—Que ahora está muerto —dijo la Reina.

—Humm, sí, tienes razón. Pero tú sabes lo que quiero decir. La piel de la Rana puede ser verde, pero el corazón lo tiene rojo.

—El hecho es, sin embargo —dijo la Reina—, que nuestros nietos serían monstruos.

—¿Monstruos? —dijo el Rey—. No estoy seguro. *No existe nada que sea bueno o malo, después de todo, sino que es el pensamiento el que le da el calificativo* [1]. Pueden llegar a ser unos niños preciosos. Las sirenas, por ejemplo, que son mitad humanas y mitad peces, son famosas por su belleza. No comprendo por qué los niños con la mitad superior de nuestra hija y la mitad inferior de nuestro yerno deberían resultar menos atractivos.

—¿Pero qué seguridad hay —dijo la Reina— en que la naturaleza va a ordenarlo de esa manera? Es igualmente probable que tuvieran la mitad inferior de nuestra hija y la mitad superior de nuestro yerno. En cualquiera de los casos, serían monstruos de la naturaleza, seres lamentables. Como esos desajustados y nunca satisfechos sátiros. O como el airado hijo de Pasifae, el Minotauro.

—¿Puedo decir algo? —intervino la Princesa.

—Si, por supuesto, querida —respondió el Rey—, pero deja que tu madre y yo terminemos primero nuestra discusión.

Luego, dirigiéndose a la Reina:

—Por otra parte, está el ejemplo de Quirón. Me consideraría bienaventurado si un nieto mío resultara tener incluso la mitad de la distinción que ese centauro tan distinguido.

---

[1] *Hamlet,* acto II, escena II.

—Eso es cierto. No había pensado en eso. ¡Qué orgullosos han debido de sentirse sus padres!

—Me gustaría saber si alguna vez ellos visitaron su escuela, en la cima del Monte Pelión, donde enseñaba astronomía, música, botánica y medicina. ¡Qué estudiantes tan extraordinarios acudían a ese centro! Heracles, Jasón, Ulises, Teseo, Aquiles. Y cuando falleció, se convirtió en una constelación destacada, que contiene el vecino más cercano al sistema solar que hay en el espacio: Alfa Centauro, la tercera estrella más brillante del firmamento. Tan sólo Sirio y Canopo son más brillantes.

—Ya veo adónde quieres llegar —dijo la Reina—. Quizá no todos los matrimonios heterogéneos tienen descendencia conflictiva. Quizá estoy exagerando el problema.

—Y todavía no hemos mencionado los reyes de Egipto —observó el Rey—, que aportan ejemplos aún más luminosos de la excelencia de los medio-humanos. Entre otros, está Osiris, hijo de Anubis, mitad chacal, mitad humano, que guía a las almas hasta el reino de los muertos; está Hator, la diosa del amor y de la alegría, que tiene cabeza de vaca; está Sekhmet, la diosa del sol, tanto humana como leona; y el dios del día, Horus, con su cabeza de halcón de ojos fieros. ¿Qué otras pruebas necesitas?

—Sí, sí —admitió la Reina—. Y, sin embargo, cuán extraño parece todo. No puedo evitar sentirme un tanto enojada. Hubiese preferido como yerno a un Valois o a un Montmorency. Preferiblemente a uno que tuviera buenas piernas.

—¿¡De veras, mi amor!? —dijo el Rey—. Dado el momento, el lugar y el menú, no parece ser una observación muy diplomática.

—¿Perdón, señor? —se excusó la Reina.

—Majestad —interrumpió la Rana con una pequeña reverencia.

—En cualquier caso —continuó el Rey—, aun cuando nuestro nieto sea un monstruo, como dices, puede terminar siendo un Quirón o un Horus.

—Pero una cabeza de halcón en uno de nuestros nietos posee una cierta dignidad —dijo la Reina—, una cierta elegancia, y facilitaría su presentación en la corte. Una cabeza de halcón es una cosa. Pero una cabeza de rana es algo muy diferente.

—Oh, mi amor —replicó el Rey—, una cabeza de rana no sería más ridícula que la cabeza delgada y de pico largo del ibis que Thot luce con orgullo. El maestro de la sabiduría y de la magia. Y verdaderamente, conociendo el *Tao Te King,* tú deberías saberlo mejor. «*Cuando las personas ven algunas cosas como bellas, / otras cosas se vuelven feas* [1]».

—«*Las cosas surgen*» —añadió la Reina, con una cadencia meditativa—, «*y ella las deja venir, / las cosas desaparecen y ella las deja ir* [2]». Estás en lo cierto. Debo rectificar, y estoy dispuesta a retirar mi objeción. Es igualmente probable que nuestro nieto fuese tan sabio como si hubiese tenido dos padres humanos.

---

1 *Tao Te King,* capítulo 2 (mi versión).

2 *Ibídem.*

—O tan probable que fuese tonto —dijo el Rey.

—Papá, ¿puedo hablar ahora? —preguntó la Princesa.

—Sí, ya hemos terminado. ¿Qué has estado deseando decir?

—Bueno, papá, es muy dulce por tu parte estar tan profundamente interesado por el bienestar de mis futuros hijos, y me siento tan conmovida como enojada por la preocupación de mamá. Pero como no parece que hayáis comprendido el aspecto más importante de todos, toda vuestra discusión es irrelevante.

—¿Qué quieres decir? —inquirió el Rey.

—¿Cuál es ese punto importante? —preguntó la Reina.

—Esto puede parecer como un matrimonio mixto —expuso la Princesa.

—Eso es lo que, en verdad, parece —dijo el Rey, dirigiendo la mirada de la Princesa a la Rana y otra vez a la Princesa. La Reina asintió con la cabeza.

—Pero el caso es que esta rana es, en realidad, un ser humano. De hecho se trata de un príncipe —dijo la Princesa.

—¿Es verdad eso, señor? —preguntó el Rey.

La Rana encogió sus no muy prominentes hombros.

—Su Alteza está convencida de ello —continuó diciendo—. A mí se me hace muy difícil de creer.

—*Por supuesto* que es verdad —dijo la Princesa—. Y todos podéis dejar de preocuparos por los hijos. Nuestro matrimonio —puesto que es eso lo que, de hecho, he aceptado— tendrá uno de estos dos posibles resultados. O bien la Rana se convertirá en sí mismo, o rehusará convertirse en sí mismo. En el primer caso, nuestros hijos serán enteramente humanos, y sin duda serán también hermosos. En el segundo caso, todos podéis estar absolutamente seguros de que mientras Su Testaruda Alteza permanezca siendo rana, nunca le permitiré intimar físicamente conmigo. ¡El sólo hecho de pensarlo me asquea!

—¿De modo que no habrá nietos? —dijo la Reina.

—Seguramente que no, si tuviesen que ser mitad ranas y mitad humanos.

—¿Pero qué pasa con tu promesa de dejarle dormir en tu cama?

—Yo cumpliré mi promesa. Puede dormir en el borde del colchón.

—Pero seguramente que la frase «dormir en tu cama» es una frase metafórica —expuso la Reina.

—Quizá lo sea en un poema, mamá, pero no en un contrato. Si el Señor Rana deseara algo más, debería haber pedido algo más.

—Tienes razón —admitió el Rey—. Tendrás que cumplir con lo que has prometido, pero no estás obligada a hacer nada más.

—¿Estás segura de que no lo vas a reconsiderar? —preguntó la Reina—. En realidad, es una persona agradable una vez que te acostumbras a él. Y como tanto tu padre como yo descendemos de linajes que durante mil años han sido bastante altos, la diferencia de vuestra estatura quedaría equilibrada en vuestros hijos.

—No, mamá. Sé lo mucho que deseas tener nietos, pero no puedo comprometerme a eso.

—Entonces eres una soñadora —dijo la Reina—, y una niña tonta. ¿Qué te hace pensar que esta buena rana es algo distinto a lo que parece ser?

—Bueno, bueno, mi amor —intervino el Rey—. Por favor, no te enojes otra vez. Ya hemos tenido bastante por hoy. Todos estamos llegando casi al límite.

—Majestad —dijo la Rana—. ¿Puedo añadir algo más?

—Por supuesto —respondió el Rey.

—Disculpadme, por favor, por mencionar esto —expuso la Rana—, pero casi estoy desmayándome de hambre.

—Oh, Dios mío —exclamó el Rey—. Qué poco considerados somos. Hemos de dejar de hablar hasta que nuestro huésped haya saciado su apetito comiendo y bebiendo. Yo podría conformarme con unos cuantos sorbos de borgoña.

En los momentos que siguieron, la Rana se inclinó sobre el plato de la Princesa y observó, profundamente conmovida, cómo cogía la primera de las moscas con la punta de su dorada cuchara.

XXV

Sobre las promesas

NUESTRA HISTORIA está avanzando ahora rápidamente hacia su desenlace. Mientras la Rana está comiendo del plato de la Princesa y bebiendo de su copa; mientras que el Rey y la Reina están abriéndose paso, en un silencio cargado de pensamientos, a través de nuevas porciones calientes de pichón, después de cordero, y luego de queso, de fruta, de pastel de doble chocolate, de tarta helada de manzana y almendra con tope de gelatina y de ricos vinos, que reflejan y juegan con cada sabor, me gustaría hacer un comentario sobre la actitud de la Princesa hacia su promesa y, en general, sobre la naturaleza de las promesas.

Cuando alguien le promete a usted que realizará una acción, está declarando que cumplirá su palabra. En cierto sentido, está declarando que cumplirá lo que *implica* su palabra: que la acción ha sido ya ejecutada, ya que entre la realización y su declaración sólo se interpone el tiempo. La declaración y la realización no son dos cosas separadas, sino dos formas o etapas de la misma cosa, lo mismo que el niño y el adulto. Cuando esta persona le hace una promesa a usted, le está asegurando que por más que cambie el mundo, su palabra no cambiará. De esa manera está creando el futuro dentro del presente.

Y hay más todavía: está creando el presente dentro del presente. Está estableciendo un punto estacionario en medio del flujo infinito de acontecimientos. Esto es tanto un acto estético cuanto moral. La profundidad de compromiso de una obra de arte, respecto a sus reglas, es una medida de su integridad.

Lo que respalda la promesa dada a usted es la promesa que se hace uno a sí mismo. Al saber que ha de cumplir su palabra (no que meramente hará lo que esté en sus manos para cumplirla), se ha dado a sí mismo uno de los más preciados regalos: la liberación del «no puedo»; es decir, la libertad de *convertirse* en la persona que será capaz de cumplir su palabra. Esta libertad es esencial en el matrimonio, que está basado en la concurrencia de dos promesas, y que constituye una aventura de tanta dificultad y peligro que si uno lo hubiese sabido de antemano, puede que nunca se hubiera atrevido a comenzarlo. Por lo tanto, en momentos de crisis, cuando él está convencido de que no puede cumplir su palabra y, no obstante, está comprometido con ella más allá de los límites de quien él cree que es, la promesa constituye el punto de entrada hacia sus propias profundidades.

130

La Princesa no tiene hambre. Apenas toca el pichón, y toma sólo unos bocados simbólicos de los otros platos. De vez en cuando, observa cómo la larga lengua de la Rana recoge una mosca del borde de su plato de oro. Pero su atención está enfocada en otro lugar.

Ha prometido amarlo. Y mientras se ve sentada allí, la enormidad de la promesa surge en ella como el amanecer: una claridad en el horizonte de su mente. Hasta ahora no se había dado cuenta de cuánto lo ama ya. ¿Cuándo comenzó todo? ¿En el estanque, con su primer referencia a la amable cuestión amorosa? ¿Pero qué corazón no se vería atraído hacia alguien tan admirable en tantos aspectos? Admirable, capaz, compasivo, un verdadero buscador de cosas perdidas. Y cuán fuerte es su amor por él. Qué conmovida se siente por la fiereza de su resolución; por su persistencia en superar tantos obstáculos con el fin de llegar a ella. Y por su modestia. Su elocuencia. Y qué habilidoso se ha mostrado ante sus padres, no charlatán o intimidado como algunos de los otros pretendientes; al contrario, respetuoso, cortés, firme en el sentido correcto. Y realmente, no es tan feo como le parecía en un principio; es un personaje más bien atractivo una vez que uno se acostumbra a él, como señaló la Reina, a su manera tortuosa, aunque llena de buena intención.

¿Pero qué clase de amor le ha prometido ella? Una «filia», con toda seguridad. Esto lo aclaraba aún más: amarlo y tenerlo como su mejor amigo. La pregunta esencial es cómo actuar como su amigo, y sabe bien que pronto tendrá que enfrentarse a ella. De alguna manera, tendrá que profundizar en su visión de quién es ella, en realidad, con el fin de que él mismo la vea. No puede resignarse simplemente a quedarse el resto de su vida con ese cuerpo de rana. Ella deberá mantener esa visión ante él. ¿Cómo? Bueno, por un lado, tendrá que librarse de su irritación, y dejar de actuar como si su rechazo a convertirse en un príncipe constituyese para ella una afrenta personal. No se trata de un rechazo, después de todo: es un fallo de la imaginación. Una vez que ella deje de tomárselo personalmente, su intención quedará mucho más clara. Y podrá actuar como una amiga mucho más sincera: desprovista de todo interés oculto, y sólo por el beneficio de él. Sus palabras serán un claro espejo en el que él se podrá ver a sí mismo.

Y *agap—:* está segura de que le ha prometido a él esta modalidad de amor, que se encuentra próxima a las zonas exteriores de la «filia». Amar a alguien desde la perspectiva del Tao, como si no existiese el pasado ni el futuro. *Agap—* también requerirá un ajuste de su actitud, puesto que amar a alguien de este modo significa darse cuenta de que es perfecto, de que todo defecto o incompetencia aparente es una ilusión óptica. No tener futuro significa que no haya un Príncipe, o que el Príncipe está ya manifestado en la Rana. Esto será difícil para ella, pero no imposible. Sostener los dos puntos de vista a la vez: que la Rana ha de convertirse a toda costa en un príncipe, y que es perfecto exactamente del modo que es. Pero ella ya había practicado la doble visión anteriormente, y sabe que mantener dos puntos de vista contradictorios es como mirar por dos ojos: es el único modo de alcanzar la profundidad.

¿Pero qué sucede con el amor erótico? Ese es el quid de la cuestión. No es la clase de amor que ella prometió: definitivamente, no. Tampoco es un amor que ella *hubiese* podido prometer, debido a que no hay ninguna energía que sea más libre y esté menos sujeta a la voluntad que el error. Y en circunstancias diferentes —si la Rana y ella pudiesen ser simplemente buenos amigos, si pudieran compartir sus intimidades e intereses (no le es posible comenzar a profundizar respecto a cuáles son sus intereses), si pudieran caminar, estudiar y cantar juntos—, la ausencia de eros no presentaría ningún problema. Pero una vez más, su madre tiene razón: «dormir en tu cama» conlleva una cierta resonancia metafórica. Ha hecho este pacto no sólo con una rana, sino con un príncipe. Si su amor ha de ser completo; si éste ha de ser un matrimonio verdadero y ellos han de ser marido y mujer, no rana y esposa, entonces eros debe hacerse presente en su dormitorio. Ella no sabe cómo. Ni puede decir, ya que es virgen, que se conoce a sí misma sexualmente. Tiene alguna idea del inexplorado potencial que hay en su cuerpo. Pero aun cuando necesita poner a prueba sus límites, no tiene intención de probarlos con un pequeño y húmedo animal.

Tiene la tarta de manzana y almendra frente a ella, sin tocar. Un camarero de librea se acerca a la mesa y, de una cafetera de oro con pico en forma de cuello de cisne, vierte en su taza un chorro de oscuro café abisinio. Coge un terrón de azúcar y lo echa en el café, y luego agrega la crema.

XXVI

Claro de luna en el palacio

HA LLEGADO LA NOCHE. Los candelabros se han extinguido. La luna llena brilla en el palacio entrando por las ventanas y por debajo de las puertas. Los enormes tapices en el salón de recepción, las armaduras, los Rafaeles y los Tizianos sobre las paredes; las alfombras persas, los intrincados suelos de parqué, todo estaba bañado por la luz de la luna. El último sirviente había apagado la última de las velas y se metía en la cama, bostezando. No hay nadie más sobre la gran escalera de mármol, excepto usted y yo.

¿Puede sentir la fría piedra bajo las plantas de sus pies? ¿Se ha percatado de las balaustradas? Dríades, faunos, tritones, sirenas, cuyos rostros de mármol parecen haber alcanzado el mismo nivel que la belleza. Y el techo: ¿quién podría haber pintado la panoplia de estrellas? Cuidado: es fácil perder el equilibrio. Por aquí, cójase de mi mano. Ya estamos a más de la mitad de la altura que nos separa de la parte superior. ¡Qué pequeñas se ven las sillas y las mesas desde aquí!

Ahora doblamos hacia la izquierda, sobre la alfombra persa azul y roja del vestíbulo, tan blanda y suave para los dedos de los pies. A nuestra derecha se encuentra un Leonardo. Y aquí está el dormitorio real. El Rey y la Reina están durmiendo. Sus velas están apagadas. Han corrido las cortinas alrededor de su cama. Sigamos andando. Pasemos la biblioteca del segundo piso. La sala de mapas. La sala de música. Ah, aquí está. El dormitorio de la Princesa. Sí, podemos penetrar en su interior. No necesitamos abrir la puerta.

XXVII

El problema

—¿PERO POR QUÉ NO? —dijo la Rana.

Se hallaba sentado sobre el cubrecama, a los pies de la cama de la Princesa. Ésta se encontraba echada en diagonal sobre el lecho, con los codos doblados y la barbilla sobre sus palmas, llevando una bata de noche de satén, color crema. Era una cama grande, con cuatro columnas de ébano adornadas con terciopelo rojo bordado en oro, con fundas de almohadas y sábanas hechas de paño belga y bordadas a lo largo de cada orilla, con guirnaldas de diminutas rosas rojas. Sedas rojo-violeta, con un diseño de serpientes y llaves entretejidas, de color plateado y rosado, cubrían las paredes. Sobre el escritorio de madera de cerezo con adornos en oro se hallaba el retrato de la Princesa, por Caravaggio, una versión de tamaño natural, que fue encargada al mismo tiempo que la miniatura que seguía escondida y seca dentro de la bola de oro.

—Tú conoces la razón —dijo la Princesa.

—Permíteme que la escuche de ti.

—Está bien; una vez más. Puedes dormir a los pies de mi cama. Pero no puedes dormir a mi lado. No tendré intimidad física contigo. Ni siquiera me gusta tocarte.

—Soy consciente de eso —respondió la Rana, dando un suspiro.

—Pero yo te amo. ¿Lo sabes?

—Sí. Quiero decir, creo que sí.

—Y estoy contenta de ser tu amiga. Realmente, ¿no tienes ahora todo lo que deseabas? Debes sentirte muy feliz.

—Soy feliz.

—Bueno, pero para ser alguien que se siente feliz, se te ve terriblemente abatido.

—Tienes razón. Soy feliz, pero me siento deprimido.

—¿Por qué?

—Creí que una vez cumpliéramos lo pactado, tendría todo lo que quería. Y ahora me doy cuenta de que no es suficiente.

—¿No lo es?

—No. Sigo anhelando acercarme a ti, echarme a tu lado, y encontrarme *dentro* de ti. El anhelo es tan intenso que no sé cómo voy a poder soportarlo.

—¡Oh Dios! Eso es grave.

—Y me siento extremadamente feo. Cada vez que te estremeces o retrocedes ante mí, me duele. Ya sé que no lo puedes evitar, pero duele.

—Me temía algo de esto —dijo la Princesa.

—¿Te lo temías?

—Sí. Yo te amo, y sé que vamos a ser los mejores amigos. Pero también, por mi parte, echo de menos algo. Va a ser muy difícil continuar de este modo. En verdad, no es suficiente para ninguno de los dos.

—Bueno, ¿pero que es lo que sugieres?

La Princesa se le quedó mirando. La mirada no fue intensa: esta vez fue como un cortaplumas en lugar de una espada. Pero se dio cuenta de ello, y su mirada se suavizó.

—Oh —exclamó la Rana.

—Ya he tratado de darte un beso. Ambos sabemos que eso no funciona.

La Rana guardó silencio. Sintió que algo comenzaba a vibrar dentro de su saco bucal. No era aire: se trataba de ira.

—¡Siempre deseas que sea alguien diferente! —estalló él—. ¡No es justo! No puedo evitar que mi cuerpo te disguste. Si pudiera transformarlo en algo más bello, lo haría. ¿Y cómo puedes decir que me amas? ¿Qué clase de amor es ese, cuando a quien tú amas no soy yo, sino que es alguien distinto? No soy un príncipe. ¿Por qué no puedes amarme por lo que soy?

La Princesa no dijo nada, de momento. Luego, con gran ternura:

—Yo te amo por lo que eres. Te admiro por ser quien eres.

—Y, sin embargo, tu cuerpo no me ama.

—Es cierto. Mi cuerpo no te ama. No puedo evitarlo. No está bajo mi control.

—¿Pero dónde nos lleva eso? Yo me siento deprimido y tú te sientes insatisfecha.

—En verdad, estamos en un aprieto. Y no deseo afrontarlo de la manera en que la mayoría de mis parientes, los reyes y reinas de Europa lo hacen.

—¿Cuál es esa manera?

—Oh —dijo la Princesa—, se casan por obligación; porque han hecho acuerdos políticos. Y luego se buscan amantes. Es un asunto lamentable. ¿Cómo pueden llegar a conocer lo que es el verdadero amor?

—Bueno; eso no me sirve a mí —respondió la Rana—. Tú eres la única hembra con la que me puedo aparear. Nunca me han atraído las ranas.

—Entonces *tienes* que llegar a ser tú mismo. No hay otro modo.

—Pero ¿cómo? ¿Qué debo hacer? Cuando dices que soy un príncipe, no tengo ni la menor idea de lo que estás hablando.

La Princesa respiró profundamente. Tenía que haber un modo de mostrar a la Rana lo que había visto en él.

—Intentemos algo —dijo él.

—¿Qué?

—Confía en mí.

Ella estiró los brazos y bajo su cara hasta llevarla al mismo nivel de la de la Rana, y a unos quince centímetros de ésta.

—Mírame a los ojos ahora —ordenó ella.

La Rana concentró la atención hasta que pudo dejar de estar consciente de todo excepto de los ojos de la Princesa. Y enseguida pudo ver dentro de ellos las pequeñas imágenes gemelas de él.

El tiempo desapareció.

Él siguió mirando.

XXVIII

El beso (2)

—HA PASADO ALGO —dijo la Princesa.

Se hallaba sentada en el medio de la cama.

—¿Qué has visto?

—No lo puedo expresar —afirmó la Rana—. Pero es cierto que ha sucedido algo.

—¡Dime, dime! ¿Qué fue? ¿Cómo lo sentiste?

—Bueno, al principio sentí como si tus ojos me rodearan por completo. Tu imagen era como una laguna de agua cristalina, y yo la estaba respirando dentro de mí por todos mis poros. ¿Sería tu imagen o tu amor? Ambas cosas parecen ser lo mismo. Comoquiera que fuera, fue algo glorioso. Y entonces, sólo por un instante, sentí algo que se movía dentro de mí, como si estuviera despertando de un largo sueño.

—¿Qué? ¡Cuéntame! ¿Qué fue?

—No puedo decirlo. Fue una especie de inmensidad. Alguna parte de mí, una parte que era más grande que el todo, y de una belleza más allá de las palabras. Y luego fui consciente de algo más, algo distinto al amor, que me llegaba de tus ojos.

—¿Sí?

La Rana se ruborizó: un rojo verdoso. «Era el deseo.»

La Princesa se sonrojó a su vez.

—Y comprendí —dijo la Rana—. Es decir, creo que comprendí.

—¿Comprendiste? ¿De verdad?

—Vi de lo que me habías estado hablando. Es decir, creo que lo vi. Soy un príncipe, quizá. Muy bien podría ser un príncipe. Muy bien podrías estar en lo cierto.

—¡Por supuesto que tengo razón! —exclamó la Princesa—. ¡Te lo he venido diciendo todo el tiempo! Bueno, al menos ahora me crees.

—*Pienso* que te creo. Sólo he tenido un destello, ya sabes. Es algo muy confuso.

—Pero ahora, al menos, ya no te sientes confundido.

—Pero todavía estamos metidos en el mismo conflicto —respondió la rana—. Sigue planteada la pregunta: ¿Qué hemos de hacer?

—Tengo una idea. Cierra los ojos.

La Princesa se inclinó, apoyándose en su codo, y bajó la cabeza hasta que estuvo frente a frente con la Rana. Luego le dio un beso en los fríos labios, tiernamente, con un estremecimiento.

La Rana esperó por un momento antes de abrir los ojos. ¿Nada? —dijo él.

—Nada —dijo la Princesa.

—Lo siento —exclamó la Rana—. Ha debido suponer un esfuerzo para ti intentarlo otra vez.

—Oh, no puedo llamarlo esfuerzo. No me importó.

—Bueno, estoy muy conmovido.

La Princesa asintió con la cabeza.

—¿Y ahora qué? —preguntó la Rana.

—No sé —respondió la Princesa—. Realmente no lo sé.

XXIX

En el borde

LA PRINCESA está sentada en el borde de la cama. Sabe que algo drástico va a suceder.

Una transformación. Tiene que haber una transformación. Pero ¿cómo? Hay que romper todos los patrones. Hacer añicos todas las formas. Arrojar el mundo por la borda y llegar al otro lado de todo cuanto conocemos.

Pero ¿cómo?

¿Cómo?

XXX

Todavía en el borde

La Princesa está sentada en el borde de la cama. La Rana está sentada al lado de ella. Ambos están mirando al suelo. No tienen idea de lo que hacer a continuación. Están esperando que suceda algo.

Han llegado casi al término de su historia y, no obstante, el final no aparece a la vista. Parece inalcanzable.

La Rana se halla en un estado de animación suspendida, lo que no ayuda en absoluto. Sus ojos están vidriosos. Tiene cerradas las fosas nasales. Se ha sumido en la desesperación como si se tratara de una charca oscura de invierno de la que nunca fuera a emerger.

La Princesa está tan desesperada como él. Ha agotado todas las soluciones posibles. Su mente rehúsa hacer ningún esfuerzo más. Siente un inmenso cansancio de corazón. Están muy próximos a un final feliz y, sin embargo, se hallan infinitamente lejos. Puede ver a la Rana sumergirse más y más profundamente. A ella ya no le queda nada más que darle. No puede hacer nada más por él. El resto no está en sus manos. Pero no puede rendirse. Hay mucho en juego.

Ella levanta la cabeza y mira hacia lo lejos. Está desesperada y loca de frustración. Sabe que no podrá encontrar al causante de su conflicto, o al menos no lo encontrará fuera de sí misma. También sabe que debe de haber una respuesta esperándola en algún lugar, aunque éste sea inaccesible.

¿Cómo puede llegar a ella? ¿Qué puede hacer para alcanzarla?

¿Tienes la paciencia de esperar /hasta que el lodo se posa y el agua se aclara? /¿Puedes permanecer inmóvil /hasta que la acción correcta surge por sí misma? [1].

Oh, cállate.

---

[1] *Tao Te King,* capítulo 15 (mi versión).

XXXI

Movimiento

SÍ. ELLA LO PUEDE SENTIR. Hay movimiento, una agitación infinitesimal en lo profundo de la oscuridad de la mente. No sabe lo que es. Pero algo está sucediendo.

XXXII

Nada de piedad, sino compasión

LA GENTE a veces confunde la compasión con la piedad. La compasión es una forma de amor. La piedad es una forma de desprecio.

La compasión nos ve como realmente somos, más allá de las excusas, de la justificación, de la personalidad.

La compasión carece de piedad.

XXXIII

La respuesta

—¡YA LO TENGO! —exclamó la Princesa, incorporándose de repente—. ¡Ya tengo la respuesta! —en su rostro se dibujaba una resolución extrema.

—¿De veras? —preguntó la Rana—. Eso es estupendo. Cuéntame.

—¡No puedo creerlo! —afirmó la Princesa—. ¡Era tan obvio! Escucha: Lo que tú tienes que hacer es confiar plenamente en mí. Lo que yo *debo* hacer es agarrarte y arrojarte contra la pared.

La Rana tragó saliva.

—Es el único modo —dijo la Princesa. No había la menor duda en su voz.

—¿Pero no suena quizá como un... método muy forzado? —aseguró la Rana.

—Es violento. Pero va a funcionar. Tengo una poderosa intuición de que va a resultar. Y no hay otra forma.

—¿Y qué tal si me dejaras vivir contigo durante algún tiempo? Quizá poco a poco absorbería tu visión y llegaría a liberarme. Y si eso no funcionara, siempre podríamos probar más tarde con otro método más violento.

—No, no lo creo así. ¿Cuál es la expectativa de vida de una rana, después de todo? ¿Seis meses? ¿Un año?

—No lo sé.

—Bueno, en todo caso no puede ser muy larga. Si probáramos con otro método, tú estarías muerto antes de que supiéramos el resultado. Incluso si el método fuera efectivo, en el momento que comenzáramos a probarlo, tú podrías muy bien ser ya una rana vieja, y te habrías transformado en un anciano. ¿Y qué beneficio me reportaría eso a mí?

—Oh —dijo la Rana.

—De cualquier forma —aseguró la Princesa—, es siempre mejor atacarlo de inmediato.

—Perdóname, querida Princesa, pero es muy fácil para ti decir eso. Como tú eres la que tienes que golpear...

—Tienes razón. Lo admito.

—Pero si tu método no funciona, eso me matará, ¿no es verdad? Me da la impresión de que intentas golpearme muy duramente.

—Con toda mi fuerza.

—Y no habrá forma de que sobreviva. Me quedaré reducido a una mancha roja en la pared, y un montón de huesos rotos.

—Eso si el método falla. Pero si funciona, por supuesto, te convertirás en príncipe. En *mi* príncipe.

—Pero, de cualquier modo, no creo que sobreviva.

—Es verdad. No volverás a ser tú mismo; quiero decir, no volverás a ser quien *crees* que eres. De cualquier manera, tienes que estar dispuesto a morir.

—Así parece —dijo la Rana. Cerró los ojos durante unos momentos, y luego los abrió—. Tengo miedo.

—No tengas miedo, querida Rana —dijo la Princesa—. Sé que va a funcionar.

—Pero ¿qué pasa si no es así?

—Incluso si no funciona, estarás cambiando seis meses como rana por la posibilidad de cincuenta años como amado príncipe y esposo. Es un riesgo que merece la pena. Espero que lo aceptes.

—Ah —exclamó la Rana, animándose—. Eso es lo que más quiero en el mundo. Estaría contento de enfrentarme a la muerte por eso. Daría más que una vida entera si pudiera conseguir tu amor.

—Confía en mí. Yo tenía razón respecto a que tú eras un príncipe, ¿no es cierto?

—Sí. Creo que sí.

—Bueno, pues también en esto tengo razón.

—Tengo miedo, pero confío en ti.

—Pero, ¿lo bastante como para dejar que esto suceda?

—Sí. Tú crees que es por mi bien, ¿verdad?

—Sé que es por tu bien.

—Entonces, adelante —dijo la Rana—. Ya he tomado la decisión. Puedes atraparme.

—Bueno —afirmó la Princesa—. Estoy muy contenta.

—Entonces... Entonces esta es la última vez que tú y yo nos veamos.

—Sí.

—¿Podemos tener un último momento juntos?

—Sí, por supuesto.

La Princesa levantó suavemente a la Rana con su mano derecha. Se miraron a los ojos.

—Adiós —dijo la Rana—. Te amo.

—Yo también te amo —contestó la Princesa—. Por eso estoy haciendo esto. ¿Tienes miedo?

—Sí.

—Yo también tengo algo de miedo.

—Ah.

Transcurrieron unos momentos.

—¿Estás listo?

—Sí; adelante.

La Princesa se alejó lentamente, hasta un metro aproximadamente del escritorio de las asas de oro. Había un amplio espacio de pared vacío a la izquierda de su retrato. Colocó el pie izquierdo un poco más adelante, contuvo la respiración, y apoyándose sobre el pie derecho, se echó hacia atrás y la lanzó. La Rana salió de su mano por el aire: fue como una difusa ráfaga verdosa destacándose sobre el fondo violeta.

XXXIV

La visión desde el aire

AL MISMO TIEMPO el calor envolvente de la mano de la Princesa ha desaparecido en medio de una oleada de temor. Se halla ahora a unos centímetros de los dedos de ella, y todavía puede verlos con extraordinario detalle: blancos y largos, con las uñas pintadas de un rojo intenso. Pero sigue mirando, su mano se hace cada vez más pequeña. Se siente volando rápidamente por el aire; el viento silba a su alrededor. «Relájate» se dice para sí, «deja que las cosas sucedan». Pero aun cuando sus músculos se aflojan, puede sentir el temor presionando sobre su corazón. Ahora ya puede ver no sólo su mano, sino toda su figura, con los brazos desnudos y la bata de satén haciéndose cada vez más pequeños. Agradece que lo lanzara de tal manera que le permitía no apartar sus ojos de ella. No tiene ni idea de dónde se halla en relación con la pared, ni de lo rápido que está aproximándose a ella. Bueno: no quiere protegerse con sus brazos para el impacto. Desea mantener todas estas sensaciones en el fondo de su conciencia: el temor, la velocidad, el dolor que está a punto de atravesar su cuerpo, cualquier duda respecto a su transformación. En estos momentos puede sentir que ella lo está mirando intencionadamente, desde muy lejos, con los brazos colgando a cada lado y la cabeza ligeramente inclinada. Desea seguir concentrándose en ella. En cuán intensamente bella es. En todo el amor que le profesa.

XXXV

Final (1)

Y AQUÍ LLEGAMOS al final de nuestra historia. Lo que sucedió después lo conocemos por la Versión Condensada, y resulta fácil completar los detalles: tras estrellarse contra la pared, la Rana quedó transformada en el más apuesto, inteligente, estilizado, cortés, espiritual de los príncipes franceses, que, vestido con un simple pero elegante traje negro de terciopelo, cayó sobre sus pies en la postura de un gimnasta consumado. La Princesa había tenido razón todo el tiempo, como la Rana —perdónenme, el Príncipe— finalmente reconoció, con una gratitud que brillaba a través de «sus bellos y amables ojos» [1]. Tras este primer momento de silencio, levantó a la Princesa en sus brazos y la llevó a la cama, donde pasaron el resto de la noche (en los intervalos entre los besos de media hora) hablando de su pasado, de su futuro y de su milagroso y delicioso presente. La mañana llegó sin que se dieran cuenta. Cogidos de la mano, descendieron la gran escalera de mármol

[1] De los cuentos de los Hermanos Grimm.

y, tras un desayuno de celebración con el Rey y la Reina, se despidieron afectuosamente de ellos, así como de los ministros, cortesanos, sirvientes y del Bufón —que hizo una intervención de despedida, divertida, pero de dudoso gusto, sobre las lenguas de las ranas— y cabalgaron juntos a través del bosque, hacia su nueva vida.

XXXVI

Sobre la transformación

LA MAYORÍA DE LOS CIENTÍFICOS —muchos de ellos muy maduros— no creen en los finales felices. Piensan que existe una tendencia universal hacia el desorden y hacia el mantenimiento de la desilusión que, al igual que la energía, no se crea ni se destruye, sino que se transforma. El final de la historia humana, piensan ellos, es la carne sin vida, o un planeta sin vida lanzado sin ningún sentido por el espacio.

Pero en la termodinámica del alma, toda regla tiene su excepción, todo final es un nuevo principio, y todas las cosas son posibles, en cualquier momento. Las grandes transformaciones, los esponsales en el confín del mundo, el sobrecogedor corrimiento del velo de nuestra propia identidad, están siempre rodeados de regocijo, y la voz del cuentacuentos se apaga al pronunciar sus últimas palabras, de la misma forma en que los miembros de una orquesta tocan las notas finales, para luego dejar a un lado sus instrumentos y esperar en el silencio que rodea la música.

Ahí radica la cuestión del significado. Una rana se convierte en un príncipe. Un hijo perdido es hallado [1]. Una reina muerta desde hace mucho tiempo, desciende de su pedestal, acicateada por la vida [2]. ¿Es esto una forma de hacerse ilusiones? ¿Es como silbar en la oscuridad? Y si no lo es, si semejantes transformaciones son imágenes de lo que en realidad puede suceder dentro de nosotros, ¿que es lo que eso implica? ¿Cómo se ve y se siente eso?

Los investigadores han estudiado recientemente unos cuantos casos de ex ranas que son ahora apuestos príncipes casados felizmente (necesariamente, son un número reducido, ya que, como dice el filósofo, todas las cosas excelentes son tan difíciles como raras) [3]. Estas ex ranas fueron unánimes en su relato. La gran transformación, dijeron, demandaba tres requisitos: un continuo no saber, estar dispuestos a ser lanzados contra la pared y, siempre, el amor de una mujer visionaria. Y un cuarto requisito: la paciencia. Sí, una enorme paciencia, puesto que el intervalo entre ser lanzado y el impacto en sí, podía durar una década o más.

Se trataba de hombres modestos, que no dieron por descontada su belleza física. Era ésta, por el contrario, un don de un universo que se deleita en adecuarse a la imaginación de un amante. Todos, sin excepción, hablaron de la transformación misma con respeto. Uno de ellos la com-

---

[1] El Evangelio según San Lucas, 15:24.

[2] Shakespeare, *Un cuento de invierno,* acto V, escena III.

[3] La fase final de la *Ética,* de Spinoza.

paró con el sueño de Adán, que al despertar vio que era verdadero.

Mirar hacia atrás a su antiguo yo desde la perspectiva actual, constituía para ellos una experiencia patética. Todos podían darse cuenta de quiénes habían sido anteriormente, y estaban agradecidos por su amor y su persistencia como ranas. Pero igualmente todos, al carecer de la clase de continuidad que la mayoría de nosotros percibe cuando nos recordamos del niño que solíamos ser, apenas podía reconocerse a sí mismo ahora. Un cataclismo los había separado de su antiguo yo; eran y no eran ese yo; habían reencarnado, por así decir, en un modo de existencia más elevado; como la última, y casi irreconocible y rica, variación sobre un tema simple.

Algunas veces, en alguna noche de verano, uno de los príncipes dijo que al caminar con su amada por una senda campestre, rodeados por un antiguo coro de ranas, le asaltó una emoción entre la risa y las lágrimas, y tuvo que detenerse, volverse hacia su amada y encontrarse a sí mismo en sus ojos.

XXXVII

Final (2)

La historia de la Princesa y la Rana concluye en el momento del impacto. Lo que sucede después concierne exclusivamente a la Princesa y al Príncipe. Admito que sería interesante seguirlos, a medida que se alejan del palacio y asumen su nueva vida. El siglo dieciséis está, después de todo, a punto de concluir. En menos de una década habrá tenido lugar el último de los Fenómenos Excepcionales. Una y otra vez, en un matrimonio que continúa madurando y creciendo en profundidad, a lo largo de cincuenta años, ambos tendrán que encontrar maneras de redefinir lo milagroso. Una y otra vez, cada uno de ellos deberá darse cuenta de que *Y vivirán felices para siempre* no comienza con *Había una vez:* comienza con Ahora.

Pero esa es otra historia.

Sobre el autor

STEPHEN MITCHELL ha escrito, editado y traducido docenas de libros, incluyendo *The Book of Job, Tao te King, Parables and Portraits, The Gospel According to Jesus, A Book of Psalms, Ahead of All Parting: The Selected Poetry and Prose of Rainer Maria Rilke* y *Genesis.*